HEYNE <

Die Autorin
Aufgewachsen inmitten einer reichen Fülle von alten, geheimnisvollen Bräuchen, interessierte sich Claire schon früh für die spirituelle Kraft der weißen Magie. Heute ist die Lebensberaterin und praktizierende Hexe eine der erfolgreichsten Autorinnen zum Thema Magie. Claire lebt in Leipzig.
www.hexe-claire.de

CLAIRE

Stadthexen

Magische Praktiken und
Kraftorte für das urbane Leben

WILHELM HEYNE VERLAG
MÜNCHEN

MIX
Papier aus verantwortungsvollen Quellen
FSC® C014496
www.fsc.org

Verlagsgruppe Random House FSC® N001967

Vollständig überarbeitete Taschenbuchausgabe 04/2016

Die Originalausgabe erschien 2009
unter dem Titel *Stadthexen* im Schirner Verlag

Redaktion: Dr. Diane Zilliges
Umschlaggestaltung: Guter Punkt, München
Umschlagmotive: © EveStock/shutterstock
Satz: Leingärtner, Nabburg
Druck und Bindung: GGP Media GmbH, Pößneck
ISBN 978-3-453-70296-7

www.heyne.de

Inhalt

Gehören Hexen nicht aufs Land? 7

Innerer und äußerer Weg 15

Der innere Garten 17

Magie ist keine Einbahnstraße 29

Spirituelle Übungen 38

Besondere Hilfen für Stadthexen 52

Magische Praxis – die Basis der Stadthexe . . . 59

Magische Substanzen selbst herstellen 59

Räucherwerk für die Stadt 65

Talismane anfertigen 74

Alles in Butter – Wunschlämpchen selber machen . . . 79

Drogeriemagie 83

Rituale für drinnen ... 87

Ein paar Grundlagen ... 87

Magischer Hausputz ... 91

Wohnungsdekoration unter magischen Aspekten ... 106

Baderituale ... 113

Liebesrituale und wirkliche Harmonie ... 119

Rituale für draußen ... 127

Die eigene Stadt magisch erkunden ... 127

Schamanisch durch die Stadt – Visionsreisen einmal anders ... 135

Ahnenverehrung ... 137

Weitere Rituale für die Stadtmagierin ... 148

Das Stadtpflanzenlexikon für Hexen ... 165

Meine Auswahl ... 166

Kräuter und Pflanzen ... 170

Bäume der Stadt ... 192

Gehören Hexen nicht aufs Land?

Beim Begriff Hexe denkt man zuerst – na klar – an eine alte Frau, die etwas abseits in der Natur ihr kleines Hexenhäuschen hat und dort magische Tränke braut, während ihr eine schwarze Katze um die Beine streicht. Diese Vorstellung ist tief in der Bilderwelt unserer Kultur verankert und beeinflusst bis heute unterschwellig das Ideal davon, wie eine »richtige« Hexe lebt.

Gleichzeitig leben heute in Deutschland rund drei Viertel der Bevölkerung in Städten, und das gilt natürlich auch für Hexen. Was also tun mit dem verwunschenen Bild aus alter Zeit?

Leben bedeutet stetigen Wandel und Veränderungen, so war es schon immer, und gerade die Lebensphilosophie der Hexen weiß darum. Trotzdem ist es nicht immer einfach, von gewohnten Ideen loszukommen. Ideale und kulturelle Bilder sitzen tief. Ist man nicht erst dann eine »echte« Hexe, wenn man im Grünen lebt?

Nun, mit den Idealen ist es bekanntlich immer so eine Sache, wie einem viele Hexen, die in Dörfern leben, bestätigen können. Die ungeteilte Neugier der Nachbarn bedeutet für so manche Landhexe mehr Einschränkungen, als sich eine Stadthexe vorstellen kann. Im Mittelalter hieß es noch »Stadtluft macht frei!«, und auch wenn es bei diesem Ausspruch ursprünglich um das Thema Leibeigenschaft ging, hat er sich bis heute im übertragenen Sinne erhalten. Und ganz nebenbei: Es wäre von der schönen Natur auch nicht mehr viel übrig, wenn jeder plötzlich ein Häuschen im Grünen hätte, aber das nur am Rande.

Trotzdem ist die Stadt, in der so viele von uns leben, oft ein Stiefkind in der Magie. Das ist vor allem eine kulturelle Prägung. Wir Deutschen haben spätestens seit der Zeit der Romantik eine tief empfundene Liebe zum Wald und zur Natur, was ja auch wunderbar ist. Das bedeutet im Umkehrschluss aber nicht, dass alles Menschengemachte automatisch seelenlos ist.

Andere Kulturen machen es sich deutlich leichter in ihren Städten. In vielen Ländern Asiens gehören Straßenschreine zum alltäglichen Stadtbild. In Südamerika gibt es Altäre und heilige Orte an Straßen, an denen man Ahnen und Volkshelden wie Heilige verehrt und sie um ihre Unterstützung für persönliche Anliegen bitten kann. Auf Island werden ganz selbstverständlich Straßen um große Gesteinsbrocken herumgebaut, wenn bekannt ist, dass Elfen darin wohnen (was diese andernfalls tatkräftig kundtun – die Bauleute bemerken, dass die schweren Baumaschinen immer wieder auf unerklärliche Weise kaputtgehen).

Man kann nicht leugnen, dass sich bei uns viele Stadtbewohner spirituell abgeschnitten fühlen zwischen hohen Häusern, Straßenlärm und hektischen Menschen, die an ihnen vorbeieilen. Zum Glück kann man daran etwas ändern, indem man seine spirituelle Wahrnehmung schärft.

Natur gibt es auch in der Stadt. Wir übersehen sie

nur, weil sie in unserer Erwartung nicht vorkommt. Unser Denken spaltet Dinge gern: hier die gute Natur, dort die böse Stadt – und nichts dazwischen. Heutzutage wird dieses Schwarz-Weiß-Denken von immer mehr Menschen hinterfragt, weil sie instinktiv spüren, dass das Leben in Wirklichkeit bunt ist. Es ist ein ewiges Sowohl-als-auch, kein starres Entweder-oder.

Vor einer Weile stand ich an einer Ampel, der Feierabendverkehr dröhnte an mir vorbei, aber das war nicht alles, was zu hören war. Hoch oben auf einem Dach saß ein Amselmännchen und sang die schönsten Lieder. Wer es nicht gewohnt ist, auf so etwas zu achten, hört nur den lauten Verkehr.

Wir haben die Wahl, worauf wir unsere Antennen ausrichten, was wir mit ins Bild unserer Wahrnehmung hineinlassen und was außen vor bleibt. Wenn man vorgefasste Erwartungen gegen unvoreingenommene Offenheit und Neugier tauscht, staunt man nicht selten, wie reich und farbenfroh das Leben tatsächlich ist, das uns umgibt. Es ist wichtig, dieses neue Kennenlernen der eigenen Umgebung mit einer liebevollen Einstellung anzugehen. Der Mensch ist nun einmal ein Gewohnheitstier, und wenn man etwas wirklich neu erleben will, dann braucht es Zeit, in die neue Wahrnehmung hineinzuwachsen.

Zu diesem Buch

Dieses Buch ist kein Ritualkochbuch, auch wenn ich viele Dinge konkret vorschlage, um dir die ersten Schritte in die Stadtmagie zu erleichtern und Ansatzpunkte für die eigene Praxis zu geben. Wir alle sind eigenständige Menschen und müssen daher selbst an unserem magischen Geflecht arbeiten. Von indigenen Schamanen hört man oft, dass Rituale niemals zu leeren Hülsen nach Schema F werden dürfen. Man muss sie beleben, indem man etwas Eigenes dazugibt. Lässt man das Eigene weg, führt man nur eine Handlung aus, ohne selbst »dabei« zu sein. Aus diesem Grund verlangen alte Zauberanweisungen (auch wenn der Zauber an sich einem festen Schema folgt) immer den Namen sowie persönliche Gegenstände oder Symbole der beteiligten Personen.

Wir dürfen da wirklich mehr Mut haben. In unseren Breiten sind wir die Eingeborenen, auch wenn wir uns das zwischen Smartphone und Computer gar nicht mehr richtig zutrauen. Sind wir anders gebaut oder verdrahtet als die »edlen Wilden«, die bis heute so gern verklärt werden? Kein bisschen. Es stimmt allerdings, dass wir seelisch und spirituell nicht mehr so gut verankert sind, weil unsere Traditionen zu großen Teilen abgebrochen sind.

Zum Glück kann man jederzeit beginnen, sich wieder in das Geflecht der Traditionen, des alten Wissens – einfach des Zaubers des Lebens – einzuweben. Nicht indem man blind die Vergangenheit nachzumachen versucht, sondern indem man die Weisheit der Vorfahren im Hier und Jetzt nutzt. Mitten in der Stadt, mitten in der Hektik, aber auch mitten in all den noch unentdeckten Energien, Verbindungen und zauberhaften Möglichkeiten, die das Leben für uns bereithält.

Ich habe dieses Buch in fünf Bereiche aufgeteilt. Erst einmal geht es mir mit »Innerer und äußerer Weg« um den Blick hinter die Kulissen der Magie. Heutzutage wird wieder viel gezaubert, aber manchmal ein bisschen zu wenig über die Zusammenhänge und Ursächlichkeiten nachgedacht.

Auch wenn blinde Tradition tatsächlich Schlamperei ist, wie Bertolt Brecht es sinngemäß ausdrückte, können wir viel von unseren Vorfahren lernen. Tradition bedeutet bekanntlich nicht, die Asche anzubeten, sondern die Glut weiterzutragen. Die Reisen zu den inneren Sternenwelten, wie es früher genannt wurde, die Pflege des inneren Gartens, diese alten Traditionen geben uns auch heute noch Kraft und Halt. Man muss sie nur nutzen und praktizieren.

Und da hapert es oft. Gerade bei geistigen Übungen ist es nicht selten, dass Leute darüber weggehen oder sie beurteilen, ohne sie überhaupt ausgeführt haben. Wenn die Übungen sich auch noch als halbwegs gut durchführbar lesen, werden sie von vornherein nicht ernst genommen. Dabei weiß jeder ernsthaft spirituell Suchende: Was am einfachsten erscheint, ist fast immer die höchste Kunst.

Das ist wie beim Meditieren. Eine beliebte Meditationstechnik besteht darin, ruhig dazusitzen und die Gedanken wie Wolken vorbeiziehen zu lassen. Geradezu lächerlich simpel, nicht wahr? Und doch springen manche Anfänger schon nach wenigen Minuten auf und verlassen den Meditationsraum, weil sie es nicht mehr aushalten. Dabei ist es »einfach« nur Dasitzen.

Mir ist natürlich klar, dass gerade Anfänger auch vom »Blingbling« der Hexentraditionen angezogen werden:

die Kerzen, die Kräuter, die schönen Altäre und geheimnisvollen Symbole. Dagegen ist auch nichts zu sagen, aber wenn du dich mit all den schönen Dingen nach Herzenslust ausgetobt hast und so langsam die tieferen Sinnfragen auftauchen: Tu dir einen Gefallen und fang mit der geistigen Arbeit an. Du wirst dich wundern, was du da noch alles rausholen und erreichen kannst!

Wenn dir das alles schon völlig klar ist, kannst du natürlich auch gern gleich mit der magischen Praxis und dem Wirken im Außen beginnen. Nach den eher grundsätzlichen Dingen folgt nämlich das zweite Kapitel voller magischer Rezepturen, denn die »Hardware« darf nicht fehlen. All diese Angebote sind erprobt, und ich habe bewusst Dinge ausgewählt, die man anfertigen kann, ohne ein Vermögen dafür auszugeben.

In meinen Anfängen war das noch anders. Damals waren die meisten Hexenbücher stark von der Zeremonialmagie und deren Vorgaben geprägt. Ich konnte mir in jungen Jahren aber weder kostbares Jasminöl noch echten Safran als Räucherwerk leisten und weiß noch gut, wie schnell man sich dann »draußen« fühlt. Kaum war die magische Welt entdeckt, schloss sie scheinbar auch schon wieder ihre Türen, wenn das entsprechende Kleingeld fehlte.

Nach manchen Zutaten ein wenig suchen zu müssen ist allerdings in Ordnung und führt einen hin und wieder sogar zur entscheidenden Erkenntnis. Wie im Märchen, wenn einer weisen Frau für den entscheidenden Zauber eine bestimmte Zutat gebracht werden muss, die man nur unter großen Mühen beschaffen kann.

Im dritten und vierten Teil des Buches dreht sich dann alles um lebendige und kreative Rituale für drinnen und draußen, die die Basis für dein eigenes magisches Schaffen bilden. Dazu gehört aus meiner Sicht auch ein Abschnitt über das wichtige Thema der Ahnenverehrung.

Zum Abschluss, Teil fünf, folgt ein Stadtpflanzenlexikon. Ich wollte herausfinden, ob man in der Stadt als magischer Selbstversorger leben kann – man kann es tatsächlich.

Noch ein Hinweis

Bevor wir beginnen, noch etwas, das mir sehr am Herzen liegt: Wenn man verschiedene Rituale, Anleitungen und so weiter in einem Buch liest, dann ist das erst einmal sehr konzentriert und kann einem auch mal zu viel werden. Wie soll man das alles umsetzen und womit zuerst anfangen? Schließlich haben die meisten auch so schon einen stressigen Alltag.

Probiere einfach das aus, was dich wirklich anspricht, und mach es dir im Alltag zu eigen. Es ist besser, wenn du eine einzige Sache findest, die du gern machst und die dir immer wieder wirklich etwas gibt, als wenn du zehn Sachen auf einmal probierst und zwei Wochen später mit deinen Interessen schon wieder ganz woanders bist. Du hast dir dieses Buch ja gekauft, damit du tatsächlich etwas mitnehmen kannst für dich, damit es etwas in deinem Leben bewegt.

Der eigentliche Zauber findet nicht auf den Seiten von Büchern statt, sondern in dem Moment, wo du ihn zum

Leben erweckst und anfängst, etwas zu tun. Das Hexentum ist ein Praxisweg. Als Ende der 1960er-Jahre die sichtbare Wiederbelebung dieses Weges begann, nannte der britische Autor Stewart Farrar sein berühmtes Buch »What witches do«, also »Was Hexen tun«. Damit hatte er einen zentralen Punkt in drei Worten zusammengefasst. Es ging nicht darum, was Hexen denken, worüber sie philosophieren oder an was sie glauben. Es ging um das, was sie *tun*.

Unsere Kultur ist von einer Buchreligion geprägt, nämlich dem Christentum und seiner Bibel. Auch wenn man sich nicht damit identifiziert, sollte man diese Prägung nicht unterschätzen, sonst nimmt man sie unbewusst einfach mit und bleibt »in Büchern stecken«, ohne sich jemals wirklich an die Praxis zu wagen.

Innerer und äußerer Weg

In meiner beratenden Tätigkeit als Hexe erreichen mich nicht selten aufgeregte Zuschriften von Leuten, die spontan irgendein Ritual aus dem Internet ausprobiert haben, das keine Wirkung zu zeigen scheint. Was kann man da bloß tun? An dieser Frage sieht man schon, dass *einiges* zu tun ist!

Ich sage es einmal so: Kein Buddhist würde auf die Idee kommen, dass man das Meditieren von heute auf morgen lernen kann. Aber bei der Magie denken viele Menschen, dass man dafür nicht groß zu üben bräuchte. Einfach die angegebenen Zutaten nach Anweisung nutzen, und schon braucht man sich keine Gedanken mehr zu machen.

Das kann so natürlich nichts werden, denn die Magie hat so etwas wie eine eingebaute automatische Sicherung. Die schützt sie vor beliebiger Benutzbarkeit. Es kann eben nicht jeder, unabhängig von seiner inneren Reife und spirituellen Erfahrung, einfach machen, was er gerade will. Na gut, machen kann man es natürlich schon (viele tun das), aber die Ergebnisse werden nicht die sein, die man sich vorgestellt hat.

Vorgegebene Rituale können wunderbar funktionieren, aber nur, wenn sie mit der richtigen inneren Einstellung und einem gewissen Schatz an spirituellen Erfahrungen ausgeführt werden. Und natürlich mit Gefühl. Ansonsten gibt es vielleicht einen kleinen Effekt, aber der ist bald schon wieder verpufft.

In diesem Kapitel geht es um ein paar Grundlagen, die dich fit machen, damit du mit der Magie die bestmöglichen Ergebnisse erzielst. Als Nebeneffekt schärfen die Übungen hier auch noch deine Intuition und wirken seelisch ausgleichend. Jede spirituelle Tradition, die nicht bloß an der Oberfläche kratzt, kennt neben dem äußeren Tun auch das innere Handeln. Beide gehen Hand in Hand und ergänzen sich gegenseitig. Wird eine Seite vernachlässigt, gerät man ins Ungleichgewicht, die Kräfte kommen dann ins Stocken. Wer nur in inneren Übungen versinkt, vergisst das reale Leben. Wer nur zaubert und nach außen wirkt, weiß irgendwann gar nicht mehr, warum er das, was er will, eigentlich anstrebt.

Für alle Übungen hier möchte ich vorab noch einmal auf ein sinnvolles Maß hinweisen: Lieber eine Übung auswählen und regelmäßig damit arbeiten, als fünf verschiedene Übungen auf einmal probieren und es dann doch bald wieder sein lassen. Der spirituelle Weg lebt von einer gewissen Gleichmäßigkeit. Der innere Halt, den dir eine regelmäßige Praxis gibt, ist durch nichts zu ersetzen.

Der innere Garten

Innerer Garten, das ist ein Begriff, den wir den Weisheiten der fahrenden Völker verdanken. Viele wissen zumindest vom Gefühl her gleich, was damit gemeint sein könnte. Es geht um die Innenschau, was vielleicht ein altmodisches Wort ist, den Nagel aber auf den Kopf trifft. Durch diese Innenschau berühren wir den spirituellen Urgrund hinter den materiellen Erscheinungen und verbinden uns sowohl mit unserem Instinkt als auch mit der Kraft des Lebens an sich.

Es gibt mittlerweile unendlich viele Rituale und magische Rezepte, die nach außen zielen. Im Ritual geht man tatsächlich nach außen, aber ganz allgemein ist unsere gesamte Kultur darauf ausgerichtet, sich mit dem Außen zu beschäftigen. Wie sehe ich aus? Wie wirke ich? Was werden die anderen wohl von mir halten? Natürlich ist diese Seite des Lebens wichtig. Der Mensch ist ein soziales Wesen, das ursprünglich immer in Gruppen gelebt hat. Wir sind also schon von Natur aus daran interessiert, was die anderen von uns halten. Daran ist nichts verkehrt.

Aber für ein gesundes Gleichgewicht brauchen wir auch den Blick nach innen. Wenn man das eigene Innere nicht mehr erkennt, erkennt man auch nicht das Innere der Dinge und Personen ringsum. Der intuitive Blick hinter die Kulissen kommt dann abhanden. Und die inneren Bilder, mit denen wir äußere Wirklichkeiten gestalten können, verkümmern.

Das hört sich jetzt vielleicht ein bisschen theoretisch an, also nehmen wir einfach mal ein Beispiel: Wenn wir mit unserer inneren Wahrnehmung nicht in Kontakt sind, kaufen wir vielleicht einen tollen Kristall, um damit zu heilen. Der Stein sieht fantastisch aus, sehr symmetrisch, keine Stellen, an denen etwas abgebrochen oder angekratzt ist. Er scheint perfekt. Doch schon bald stellt er sich als ziemlich saft- und kraftlos heraus und wird zum Staubfänger im Regal.

Etwas später finden wir beim Spazierengehen einen Kiesel. Er scheint die Form eines Herzens zu haben, auch wenn andere das sicher nicht gleich erkennen. Eine Woche später ruft die beste Freundin an, die mitten in einem Beziehungsschlamassel steckt. Der Herzstein kommt uns in den Sinn, und die Freundin bekommt ihn als Geschenk. Sie findet ihn zwar in Wirklichkeit nicht besonders herzförmig, freut sich aber über die Geste und trägt ihn bei sich. Eine Woche später ruft sie an, und: Ihr Liebesglück ist wieder perfekt, der Knoten ist geplatzt. Und sie ist sich sicher, dass das etwas mit dem Stein zu tun hat.

Das ist es, was ich echte Magie nenne. Magie kann nicht »gemacht« werden. Sie kann nicht künstlich ausgedacht oder hindekoriert werden. Echte Magie wirkt nach ihren eigenen Regeln. Dazu muss man mit der spirituellen Welt verbunden sein, sonst kann es nicht klappen – wie sollte es auch ohne eine tragfähige Verbindung?

Bezogen auf die Steingeschichte hat der siebte Sinn (oder wie auch immer man es nennen möchte) unbewusst erkannt, dass das Thema Liebe bald eine große Rolle spielen wird, und schon einmal vorsorglich das passende Heilmittel, die passende Energie besorgt. Alles Weitere ergibt sich dann von selbst. Deshalb ist es auch so wichtig, nicht für alles gleich eine Erklärung haben zu wollen. Die kommt schon ganz von selbst, und meist muss man nicht mal lange warten.

Wer nicht in Kontakt mit seiner inneren Stimme ist, wäre vermutlich achtlos an dem Stein vorbeigelaufen. Nur bewusstes und zugleich spielerisches Handeln lässt Magie entstehen. Man kann sie nicht planen, sie geht eigene Wege, und wir haben die Möglichkeit, mitzugestalten. Mit »spielerisch« meine ich dabei nicht kindisch oder albern. Ich meine damit, dass es Raum geben muss, in dem Dinge sich überhaupt erst entfalten können.

Manchmal läuft man am Wesentlichen vorbei, oder es klappt nicht wie gewünscht. Auch damit muss man umgehen können, sonst ist Magie nicht unser Weg. Es ist nur menschlich, aber viele leiden heutzutage an heftigem Perfektionismus. Sie wollen am liebsten nur beginnen, was auch zu 100 Prozent gelingen wird. Magie entspringt dem Leben, und das Leben kennt keinen Perfektionismus. Im Leben kommt alles durch, was einfach stark genug ist. Wäre das Leben nur halb so perfektionistisch, wie wir es gern wären, wäre das Tier- und Pflanzenreich um einige Arten ärmer, und wir Menschen wären wahrscheinlich auch ein bisschen anders.

Auf der anderen Seite gibt es aber auch das umgekehrte Phänomen: Einige sind emotional und spirituell so ausgehungert, dass sie wahllos auf alles zurennen, was nur irgendwie »Kraft« zu versprechen scheint. Oft hört man Geschichten von Leuten, die von einem Wahrsager zum nächsten ziehen, die jeden Heiler abklappern und jede Magierin und irgendwann bitter enttäuscht davon sind.

Wenn man sie fragt, ob da nicht innerlich irgendein Glöckchen geklingelt hat, wenn sie an jemand Unseriösen geraten sind, dann sagen sie alle Ja. Eigentlich, tief drinnen, war da dieses kleine Zeichen, dieses ungute Gefühl im Bauch, der Moment, in dem man gestutzt hat. Auch davor schützt bewusste Arbeit mit der inneren Stimme. Wenn man sie kennt, weiß man, wie sie sich anhört, und wird sie nicht mehr überhören, wenn sie warnen will.

Als ein buddhistischer Meister gefragt wurde, was das größte Problem der westlichen Welt sei, sagte er: Sie ist *selbst-vergessen*. Scheinbar dreht sich den ganzen Tag alles um uns, aber eigentlich kennen wir uns selbst kaum.

Die nötigen inneren Voraussetzungen, um das zu ändern, bekommt man hin und wieder sogar geschenkt – in besonders lichten Momenten voller Begeisterung zum Beispiel. Um sich dauerhaft damit zu verbinden, muss (ich benutze das Wort »muss« nicht oft, aber hier ist es angebracht) man zu einer regelmäßigen Übung finden, die auf allen Ebenen verbindend wirkt: den Körper mit der Seele, die Seele mit dem Geist, den Geist mit dem Körper und alle drei mit dem Spirituellen. Was ich hier schreibe, ist auch als Anregung dafür gedacht.

Ich empfehle dir, die Übungen aus diesem Buch nach Gefühl auszuprobieren und immer genau das zu machen, was deinem eigenen Empfinden nach das Beste ist. Magie ist kein Leistungssport. Manche verhalten sich, als ginge es darum, als Erster über eine Ziellinie zu kommen. Man kann ihnen deshalb keinen Vorwurf machen, denn sie wissen es einfach noch nicht besser. Auch Magie wird – wie alles heutzutage – oft möglichst bequem und »konsumentenfreundlich« beschrieben. Bloß niemanden abschrecken, lieber alles etwas abschleifen, damit es leicht verdaulich ist. Das ist genau das andere Extrem zu starren Anleitungen und dieser Drohkulisse, die früher in der Magie gebräuchlich war. So nach dem Motto: »Wenn du das nicht exakt so machst, passiert etwas Schlimmes!« Die Wahrheit liegt aber wie so oft in der Mitte.

Man kann das gut an der Mondmagie verdeutlichen. Dabei muss man manchmal warten, bis es passt: Bei abnehmendem Mond wird traditionell gebannt, bei zunehmendem Mond zieht man Dinge an. Früher hieß es ganz starr: Wenn du das nicht so machst, wird alles schiefgehen, und Unglück über dich kommen. Heute wird alles lockerer beschrieben, und manche sehen dann aber überhaupt nicht ein, auch nur einen Tag zu warten, wenn sie doch genau heute ein Ritual machen wollen. Sie können sich selbst nicht mehr zurücknehmen, sie können nicht mal ein bisschen warten, selbst wenn es gar nicht so dringend ist und der richtige Mondstand ihnen wirklich helfen würde.

Das sind die Extreme, und die Wahrheit in der Mitte lautet: Wenn etwas wirklich akut ist und man nicht warten kann (zum Beispiel weil sich etwas Wichtiges in drei Tagen entscheiden wird und der Mond bis dahin nicht den gewünschten Stand erreicht), dann kann man natürlich sofort arbeiten. Aber wenn man umgekehrt Zeit hat, warum sollte man sich dann um den Rückenwind »von oben« bringen, nur weil man es zu eilig hat?

Wenn möglich, dann suche in deiner magischen Arbeit diese Wahrheit in der Mitte. Frage bei vorgegebenen Regeln nach ihrem Hintergrund, wenn du ihn nicht kennst.

Verwende nur, was für dich Sinn macht und sich in der Praxis bewährt. Aber wirf nicht gleich alles Bekannte über Bord, man muss das Rad schließlich nicht jedes Mal neu erfinden und sollte die Überlieferungen und Erfahrungen unserer Vorfahren wertschätzen.

Mit inneren Bildern arbeiten

Innere Bilder und Empfindungen sind das wichtigste Werkzeug einer Hexe, aber das gilt im Grunde für jeden spirituellen Weg. Der Kontakt zur spirituellen Ebene kommt nicht über rationale Erwägungen zustande, sondern auf der Ebene des Gefühls.

Die Empfindungen sind hier auch deshalb wichtig, weil nicht jeder visuell veranlagt ist. Wo der eine konkrete Bilder vor dem inneren Auge sieht, hat jemand anderer ein bestimmtes Gefühl im Körper oder verbindet mit etwas einen Geschmack oder Geruch, der spontan in Erinnerung kommt. Wer spirituell schon ein paar Erfahrungen gesammelt hat, wird die typische Gänsehaut in »wahren« Momenten kennen. Wenn einfach alles stimmt, wenn man auf dem richtigen Weg und im engen Kontakt mit der spirituellen Ebene ist, kommt da plötzlich dieser Schauer und durchrieselt einen.

Für viele ist der Einstieg in diese Ebene anfangs schwierig, aber das gibt sich meist ganz schnell, denn sie ist nichts, was man erst erlernen müsste. Jeder Mensch hat diese Ebene, sie ist bereits da, wir müssen sie nur wieder ans Licht holen.

Ich nenne sie gern die wortlose Kraft, denn sie steckt hinter den Worten. Wir lernen von klein auf, alles mit

Worten zu bezeichnen, und irgendwann denken wir, dass die Welt aus diesen Worten besteht. Beispielsweise heißt dieses kochende Gefühl im Magen Wut, diese lichtvolle Farbe nennen wir gelb, dieses runde gelb-rote Ding da ist ein Apfel und so weiter. Wir vergessen den ursprünglichen Eindruck und speichern alles unter den Begriffen ab, die wir dafür kennen. Dadurch schauen wir gar nicht mehr so genau hin. Im Alltag ist das praktisch und sinnvoll.

Für die Magie ist es wichtig, dass wir noch mal einen Schritt zurückgehen und den ursprünglichen Eindruck wahrnehmen. Streiche einmal alle Worte und achte nur auf das Gefühl, das etwas in dir auslöst. Lass dir ruhig Zeit und übe es auch bei kleinen alltäglichen Eindrücken. Du wirst merken, dass diese wortlose Kraft stärker wird, wenn du sie wieder beachtest. Dein instinktives Empfinden für Stimmigkeit kommt zurück.

Es ist also wichtig, zuerst zu fühlen, zu spüren und innerlich zu sehen (je nachdem, welcher Typ du bist oder welche Sinneswahrnehmung von sich aus antwortet) und erst danach Worte für diesen Eindruck zu finden, wenn man sie denn unbedingt braucht. Oft ist das Körpergefühl oder der Eindruck an sich bereits aussagekräftig genug, oft kann man es auch gar nicht richtig in Worte fassen. Das sind die Momente, in denen man etwas einfach weiß – und es stimmt dann auch tatsächlich.

Vor einer Weile erzählte mir eine Frau, dass sie ihre inneren Botschaften vor allem über Musik wahrnimmt. Und zwar ganz praktisch, genauso exakt wie ein Orakel. Wenn sie über wichtige Entscheidungen nachdenkt, die gerade anstehen, kommt ihr oft spontan ein Ohrwurm in den Sinn. Anfangs ist ihr das gar nicht aufgefallen, aber mit der Zeit erkannte sie, dass ihr Textzeilen der Songs die Antwort auf ihre Frage geben. Menschen sind in allen Dingen etwas unterschiedlich, das ist auch in der Magie nicht anders.

Wenn man mit inneren Bildern arbeitet, ist Geduld wichtig. Wir werden mit so vielen Bildern am Tag konfrontiert: über die Werbung, die Nachrichten, das Smartphone, das Internet und so weiter. Manchmal ist es nicht leicht, zu den eigenen Bildern zurückzufinden, weil von außen schon so viele Bilder da sind. Dann fühlt man sich oft schon komplett voll – vor allem anfangs.

Die unbequeme Wahrheit lautet: Weniger ist mehr. Man muss die äußeren Bilder auf ein gesundes Maß begrenzen, zum Beispiel indem man seinen Medienkonsum bewusster gestaltet, etwas einschränkt und nicht ständig unbewusst zum Smartphone greift, wie es sich schnell einschleicht. Das geht einfacher, als man meint, man muss sich nur die Frage stellen: Interessiert mich das jetzt wirklich? Ist es jetzt wirklich wichtig? So kommt man schnell wieder auf ein gutes Maß. All die neuen Techniken sind spannend und bringen ja auch viel Gutes mit sich. Aber wir müssen lernen, sie zu beherrschen, und uns nicht von ihnen beherrschen zu lassen. Das ist ein bisschen wie mit Süßigkeiten: In Maßen versüßen sie den Tag, die Dosis macht es aus.

Mit etwas Erfahrung merkt man dann auch, dass es mit den inneren Bildern gar nicht so kompliziert ist. Als Kinder konnten wir alle noch mühelos in unsere eigenen Bilder eintauchen. Wenn ein Märchen vorgelesen wurde, waren wir sofort in der Geschichte drin und haben alles vor dem inneren Auge gesehen. Aber auch als Erwachsene »sehen« wir die Geschichten, die wir lesen. Genau diese Ebene ist gemeint, wenn es um die inneren Bilder geht.

Wenn man zum ersten Mal in Bezug auf irgendein aktuelles Thema spontan etwas sieht oder wahrnimmt, ist die Versuchung groß, es zu analysieren. Nehmen wir an, eine Frau denkt über eine schwierige Beziehung nach, die sie verbessern möchte, und währenddessen kommt ihr deutlich als inneres Bild ein See in den Sinn, an dem sie gern spazieren geht. Weil das Bild so eindrücklich ist, empfindet sie es als Antwort »von oben« auf ihre Frage.

Wir alle erhalten solche inneren Bilder (oder auch Songs wie im Beispiel weiter oben) jeden Tag. Wenn man darauf zu achten beginnt, merkt man, dass man zu vielen Fragen automatisch von der Intuition die Antwort geliefert bekommt. Über dem berühmten antiken Orakel von Delphi stand der Satz: *Gnothi seauton,* also: »Erkenne dich selbst«. Sicherlich wollte das auch schon darauf hinweisen, dass nicht nur die Fragen, sondern auch die Antworten in uns liegen, wir müssen nur lernen, heranzukommen.

Haben wir ein Bild erhalten, stellt sich – um im Beispiel zu bleiben – die Frage: Was genau bedeutet dieses Bild vom See? Vielleicht ist es tatsächlich ein Hinweis, am See spazieren zu gehen und dabei zur Ruhe und mit etwas Glück auf die zündende Idee für das anstehende Problem zu kommen. Vielleicht ist die stille Anmutung des Sees ein Hinweis darauf, selbst ruhig zu werden und die Lösung des Problems einfach mal anderen zu überlassen. Das Element Wasser und damit die Gefühle könnten eine wichtige Rolle spielen: Drücke deine Gefühle endlich aus und sage, was du fühlst!

Es gibt noch viele weitere Möglichkeiten, und was dabei am wichtigsten ist: Man sollte sie nicht mit dem Kopf überanalysieren, denn dabei kommt man schnell vom Hundertsten ins Tausendste. Besser folgt man dem Gefühl: Bei welcher Deutung klingelt ein inneres Glöckchen bei mir?

Wenn man gerade nicht darauf kommt, ist abwarten nicht die schlechteste Idee. Manchmal bekommt man auch noch eine zweite Botschaft, oder man träumt den entscheidenden Hinweis. Es kommt nicht alles sofort, und das bedeutet nicht, dass man etwas falsch gemacht hätte oder spirituell nicht so begabt wäre wie andere.

Magie lebt noch in der »alten« Zeit, in der man nicht jederzeit alles abrufen kann. Das ist anders als heute, wo immer alles zur Verfügung steht und »offline sein« das Schlimmste ist, was einem passieren kann. Um in diesem Bild zu bleiben: Man kann gar nicht immer spirituell »online« sein, das wäre viel zu anstrengend, und man würde sicher auch ziemlich bald abheben.

Durch die Arbeit mit inneren Bildern lernt man auch, wie wenig es letztendlich braucht, um kraftvolle Magie zu bewirken. Das ist insbesondere für Stadthexen relevant, die oftmals mitten in einer Alltagssituation voller Lärm und Hektik das Richtige tun müssen und dafür die richtige Eingebung brauchen. Magie ist so individuell wie ein Fingerabdruck, keine zwei Menschen haben exakt dieselbe

Art, sich magisch auszudrücken. Wie schon beschrieben: Man muss immer ein Stückchen Eigenes mit einbringen.

Dadurch fällt manchmal auch einiges weg, man wird zentrierter und fokussierter. Wer sich mit Magie befasst, hat oft eine schöne Sammlung an magischen Gegenständen und Hilfsmitteln. Dagegen ist nichts zu sagen, aber je mehr man die Intuition einbezieht, desto klarer wird, wie wenig man eigentlich braucht. Das bedeutet nicht, dass man sich von allem trennen soll, das nicht so wichtig ist. Aber man ist nicht mehr abhängig davon und kann es richtig einordnen.

Das Gleichgewicht im Blick haben

Natürlich kann man auch aktiv in die innere Bilderwelt eingreifen, um sich zu bestärken und ein verloren gegangenes Gleichgewicht wiederherzustellen. Das Leben ist so bitter wie süß, es wäre also unrealistisch, wenn man sich nur noch auf positive Gedanken umprogrammieren wollte, wie es manche spirituellen Schulen versuchen.

So gut das positive Denken auch gemeint war, es hat vielen einen unrealistischen Maßstab an die Hand gegeben, durch den sie am echten Leben, wie es eben ist, nur verzweifeln konnten oder das nagende Gefühl erhielten, etwas falsch zu machen, weil alles immer noch nicht so toll ist, wie es sein sollte. Hier braucht es ein Gleichgewicht: Negatives auszugleichen ist eine gute Sache. Positives anzustreben auch. Und beides ist immer wieder neu nötig, denn wir können uns nicht auf der positiven Seite des Lebens verschanzen.

Die alten spirituellen Traditionen wissen noch um das unbedingt nötige Gleichgewicht des Lebens. Es gibt beispielsweise ein uraltes afrikanisches Muschelorakel, bei dem das bestmögliche Ergebnis aus derselben Menge heller und dunkler, positiver und negativer Muscheln besteht. Der traditionelle Ausspruch dazu lautet: The world is in balance, also: »Es ist ausgeglichen.« Nicht – wie es im westlichen Denken der Fall wäre – die volle Anzahl positiver Muscheln gilt als erstrebenswert. Im Gegenteil. Diese Möglichkeit gilt zwar als schön, aber auch als instabil, weil eine rundum positive Situation zwangsläufig kippen muss. Wenn alles super ist, ist die einzige Möglichkeit der Weiterentwicklung, dass es irgendwann irgendwo hapern wird. Das Leben geht weiter. Also bevorzugt man von vornherein die Ausgewogenheit aus Hell und Dunkel, dann hat man nämlich Entwicklungsmöglichkeiten in alle Richtungen.

In der westlichen Kultur wird diese Balance nicht unbedingt gesehen. Auch wenn wir im Außen noch so sehr nach dem Positiven streben, besteht unser Denken oft aus Befürchtungen, und unsere inneren Bilder malen nicht selten den sprichwörtlichen Teufel an die Wand. So schafft das Leben – oder unser Unterbewusstsein? – dann in gewisser Weise von ganz allein das Gleichgewicht, das wir nicht beachten wollten. Wenn wir uns die uralte Balance ins Leben zurückholen wollen, sollten wir im Außen also ein paar Dinge akzeptieren lernen, die nicht so perfekt oder einfach nur nicht so sind, wie wir sie uns wünschen würden.

Für das richtige Gleichgewicht ist es wichtig, dass wir unsere inneren Bilder unter die Lupe nehmen und bewusst verändern, dass wir bewusst positive Bilder bestärken und den guten Aspekten mehr Raum geben. Das ist auch für die praktische Magie sehr wichtig, weil es unseren Glauben daran bestärkt, »dass das Leben weitergeht« und wir immer mitgestalten können. Im westlichen Denken wollen wir das Positive erlangen und dann unbedingt festhalten, koste es, was es wolle. Und es kostet einiges, denn dadurch wird das Gute zur Quelle von Sorgen und der Befürchtung, es wieder zu verlieren.

Man muss das Negative (Kummer, Sorgen, Ängste, Stress und so weiter) nicht toll finden, das ist gar nicht nötig. Aber wenn man es als natürlichen Bestandteil des Ganzen akzeptiert, erreicht man auch für seinen magischen Weg die nötige Balance, um voll aus der eigenen Kraft schöpfen zu können und sich nicht ängstlich im positiven Quadranten festzukrallen. Wer nur aus Angst vor Verlust arbeitet, hat nicht halb so viel Kraft wie jemand, der aus Freude am Wandel arbeitet.

Magie ist keine Einbahnstraße

Ich hatte eingangs das Blingbling erwähnt, das viele Neulinge am Hexenweg fasziniert. Für Anfänger ist Magie oft erst einmal gleichbedeutend mit Zauber, der das Leben leichter und schöner machen soll. Das ist auch völlig in Ordnung, und das Hexentum ist generell kein abgehobener Weg. Wir machen uns auch die Hände schmutzig, wenn man so will, und bleiben nicht im Kopf stecken. Wir reden nicht nur, wir praktizieren auch.

Manche bleiben allerdings im Stadium der Wunschzauber stecken und bringen sich damit selbst um das Beste, was die Magie zu bieten hat: die lebendige Verbindung zu allen Kräften des Lebens, die Teilnahme an der universellen Kommunikation aller Wesen.

Im westlichen Denken muss man sich an diesen Gedanken oft erst wieder herantasten. Wir sind so ziemlich die einzige Kultur, die (zumindest an der Oberfläche) der Meinung ist, dass da einfach nichts anderes ist außer uns selbst. Und wenn doch, dann sind wir der Boss, die überragende Spezies.

Weit gefehlt, wie einem jeder Häuslebauer bestätigen kann, der das Pech hatte, an einem unguten Ort zu bauen. Optisch sah alles fantastisch aus, aber irgendwie stimmte die Energie nicht, man hatte plötzlich Pechsträhnen in fast allen Lebensbereichen, und die Freunde kamen auch nicht gern vorbei, selbst wenn die schöne Einrichtung jeder Landhaus-Zeitung Ehre machen würde. Was nicht beachtet und vielleicht nie bemerkt wurde: An diesem Bauplatz waren schon vor den Menschen Wesen zu Hause, die sich nicht gern vertreiben lassen wollten und sich gewehrt haben. Das ist nur ein Beispiel, aber in solchen Situationen merkt man, dass wir hier weder allein noch unbedingt der Boss sind.

Respekt und Einfühlungsvermögen bringen uns weiter. Man sollte nicht versuchen, Gottheiten, Spirits oder Energien nach der eigenen Pfeife tanzen zu lassen, als wären sie zu irgendetwas verpflichtet oder (noch schlimmer, aber gar nicht so selten) als wären sie sowieso nicht echt. Man probiert ja nur mal, aber so richtig glaubt man eigentlich sowieso nicht dran.

Wir stehen da heute generell an einer wichtigen Schwelle: Die alten Kräfte erwachen wieder, immer mehr Menschen befassen sich (nicht nur im Hexentum) mit einer lebendigen Spiritualität, die auf einem echten, spürbaren Kontakt zur spirituellen Ebene beruht und nicht auf blindem Glauben. Gleichzeitig sind wir in einer Kultur groß geworden, die das große Ganze aus dem Blick verloren hat und Geld und Perfektionismus an die Stelle von Kraft und Sinn gesetzt hat.

In diesem Umfeld kommen nun wir Hexen und sagen: Wir wollen wieder Sinn empfinden und uns mit dem Leben, wie es wirklich ist, verbinden. Das ist eine Herausforderung. Es braucht Geduld und eine liebevolle Herangehensweise. Wir leben in dieser Umgebung, jeden Tag: Sei erfolgreicher! Sei schöner! Sei reicher! Sei vieles, aber bloß nicht so sentimental, hier irgendwas zu hinterfragen!

Unterschätze dieses Feld nicht, es braucht Kraft, sich dagegenzustemmen, und einen wachen, hinterfragenden Blick (auch auf sich selbst), um der Konsumhaltung nicht auf den Leim zu gehen, auch im Spirituellen.

Wer auf einseitige Magie nach dem Motto: »Ich bestelle mir mal ...« baut, den trägt sie nicht lange. Wer immer nur um sich selbst kreist, wird nicht innerlich wachsen. Wer sich für die Magie öffnet, kann überall Zeichen lesen und mit anderen Wesen und Kräften in Verbindung treten.

Manchmal wird man auch von außen angefragt. Eine afrikanische Weise hat einmal gesagt: Die Geistwesen sind genauso unsere Geister (spirits), wie wir ihre sind. Auch wir werden gesehen und die »andere Seite« (oder wie man es auch nennt) versucht genauso, mit uns zu kommunizieren, wie wir mit ihr.

Mit der Zeit lernt man verbündete Pflanzen, Steine, Tiere und Wesenheiten in der Tiefe kennen. Es ist dabei besser, mit einer Handvoll Pflanzen zu arbeiten und sie wirklich zu kennen, als einen vollgestopften Kräuterschrank zu besitzen, bei dem man erst zu einem Buch greifen muss, bevor man etwas damit anfangen kann.

Je weiter man geht, desto mehr kommt der eigene Instinkt zum Tragen. Die Erfahrungen anderer oder auch der Vorfahren, die uns heute in Büchern und Überlieferungen zugänglich sind, haben ihre Bedeutung. Warum sollte man bei null starten, wenn andere einem etwas mitgeben können? Aber irgendwann kommt dann der Punkt, an dem man in die persönliche Kommunikation mit einer Pflanze, einem Stein, einem Ort, oder was auch immer man vor sich hat, geht – und ab da trägt die Intuition. Dann wird es ein ausgewogenes Hin und Her und ist keine Einbahnstraße mehr.

Nicht jeder kann alles sofort können

Jeder Mensch hat eine Bestimmung und individuelle Fähigkeiten, die er mitbekommen hat. Wenn wir das Glück haben, in einer freien Umgebung zu leben, und genügend Neugier mitbringen, können wir unsere echten Gaben finden und weiterentwickeln.

In alten Zeiten galten in magischen Dingen andere Prioritäten, und manches, was heute schnell mal als verstaubt abgetan wird, war in Wirklichkeit wohlüberlegt und beruhte auf den gesammelten Erfahrungen vieler Generationen. Für uns heute soll alles schnell gehen. Die Gesellschaft gibt dieses Tempo in allen Lebensbereichen vor. Da müssen wir erst wieder lernen, dass es auch noch ein paar Dinge im Leben gibt, die nach ihren eigenen Gesetzen funktionieren und sich für uns auch nicht ändern werden.

Es gibt diesen Spruch: Versuche nicht zu rennen, bevor du laufen kannst. Da steckt viel Weisheit drin. Viele versuchen, schnell so viel wie möglich zu erreichen, und in einem Jahr haben sie »dieses Hexending« schon wieder vergessen, weil neue Trends rufen. Das zeigt, dass dieser Weg einfach nichts für sie war.

Besser man lernt in Ruhe, vielleicht sogar richtig langsam. Das kann man sich schließlich auch nicht immer aussuchen. Wer kleine Kinder hat oder alte Eltern, bei denen die Kräfte langsam nachlassen, wer im Job ständig Überstunden schieben muss oder durch Krankheiten immer wieder ausgebremst wird, der ist im Hexentum nicht außen vor. Der Weg der Hexen ist mehr als andere Wege mit dem echten Leben, wie es eben ist, verbunden.

Es lohnt sehr, sich in eine Sache zu vertiefen. Überall auf der Welt haben die weisen Männer und Frauen ihre Spezialgebiete, in denen sie in enorme Tiefen gingen und ungeahntes Wissen ans Tageslicht beförderten. Durch besondere Ereignisse in ihrem Leben oder Personen, die sie gelehrt haben, sind sie darauf aufmerksam geworden. Manchmal haben die Dinge, zum Beispiel eine bestimmte Pflanze, sie auch selbst gerufen, in Träumen oder Erlebnissen. Maria

Treben schreibt in ihrem berühmten Klassiker über die Anwendung von Heilpflanzen von einer Kamillenhexe, einer Frau, die sich nur auf die Kamille konzentrierte und mit dieser Pflanze in verschiedenen Zubereitungen fast alle Erkrankungen heilen konnte.

Springen wir von diesem Bild einmal gedanklich in ein heutiges Treffen von spirituellen Menschen und stellen uns vor, da sitzt eine Frau und sagt schlicht: »Ich arbeite nur mit der Kamille.« Das würde einige verdutzte Gesichter geben. Mehr nicht? Will sie nicht auch mal ...? Warum probiert sie nicht auch ...? Das kann doch unmöglich alles sein! Sie beraubt sich so vieler Möglichkeiten!

Tut sie das? Sicher nicht. Sie bevorzugt nur eine bestimmte Form des Wissens. Es gibt zwei Arten von Wissen. Da ist einmal das breite Wissen, die Allgemeinbildung sozusagen. Man weiß, was es so alles gibt, und hat mit einigem schon Erfahrungen gesammelt. Dieses Wissen ist wichtig, bitte nicht falsch verstehen.

Um zur Meisterschaft zu gelangen, braucht man jedoch auch das tiefe Wissen, das sich auf bestimmte Themen, die einem von Natur aus liegen, konzentriert und sie vertieft, oft ein ganzes Leben lang. Selbst wenn man ein Naturtalent ist, muss man vieles lernen und Erfahrungen sammeln. Die kann man nämlich nicht lernen, die kann man nur machen.

Bei vielen Völkern gab es Menschen, die eine bestimmte Sache heilen konnten, sie waren zum Beispiel bei den Sinti und Roma die »Meister des Feuers« und konnten, nach dem Erlernen der entsprechenden Techniken, Brandwunden und blutende Verletzungen heilen, indem sie die

Hitze herauszogen oder die Blutung durch die Kraft ihres Willens stoppten.

Die alten Heiltraditionen (die meist fließend in den Bereich der Magie übergingen) veranschaulichen das ebenfalls gut: Es war schon immer völlig normal, dass Heilerinnen und Heiler bestimmte Krankheiten behandeln konnten und die Betroffenen bei anderen Beschwerden an Kollegen verweisen mussten. In der Magie ist das genauso: Manche haben ein Talent für Orakel, andere locken aus Heilsteinen die Energie heraus, wie nur sie es können. Viele haben ein intuitives Verständnis für die Kräfte der Pflanzen und müssen kaum nachlesen, wenn jemand einen Rat braucht (was nicht bedeutet, dass sie es nicht ab und an tun, man sollte nie zu eitel sein, von anderen zu lernen).

Lernen geht übrigens selten ohne Zweifel. Auch das ist ein wichtiger Punkt. Nach der ersten Begeisterung und den ersten Erfolgen kommt fast immer ein Rückschlag. Plötzlich hakt es, man kommt nicht weiter, überlegt vielleicht auch, das Ganze sein zu lassen. In vielen Fällen sind diese Rücksetzer nichts anderes als eine Prüfung, bevor die nächste Tür aufgeht. Man sollte nicht gleich aufgeben, wenn es schwierig wird. Aus der Schule kennen wir noch eine Form des Lernens, die uns denkbar schlecht auf solche Lernprozesse im echten Leben vorbereitet hat, nämlich: Inhalte lesen und verinnerlichen und dann auf ein Kommando hin zur Leistungskontrolle wiedergeben. Dieses Muster in uns sollte man nicht unterschätzen, denn es steckt tief, und auch an die Magie gehen viele so heran. Das klappt sogar, bis man an dem Punkt ist, wo man alles

Gelesene fehlerfrei wiedergeben kann und sich fragt: Und nun?

Ich sehe das oft in Beratungen und im Kontakt mit meinen Leserinnen und Lesern: Der Sprung von den Büchern ins echte Leben hinein ist eine Herausforderung. Die Erwartung, sofort alles fehlerfrei hinzubekommen, ist groß. Außerdem sitzt nicht selten die Befürchtung im Nacken: Wenn ich etwas falsch mache, hat das schlimme Konsequenzen, dann habe ich nur noch Pech oder irgendwelche unguten Kräfte heraufbeschworen, die mir das Leben schwermachen.

Auch dafür ist eine behutsame Vorgehensweise wichtig: einen Schritt nach dem anderen. Lieber etwas langsamer, lieber etwas weniger, aber dafür wissen, was man tut. Unbehagliche Gefühle signalisieren klar, dass man zu schnell vorgeht. Falscher Ehrgeiz ist in der Magie wirklich nicht angebracht, es kommt sowieso alles zu seiner Zeit.

Dass man gut vorankommt, hat nichts mit der Zeit oder der Menge an Wissen zu tun. Dabei geht es vor allem um ein stimmiges Gefühl und das wirkliche Verinnerlichen von Wissen. Erst wenn es vom Kopf ins Herz rutscht und nicht mehr vergessen werden kann, weil es einfach in einem drinsteckt, ist man angekommen. Das kann gar nicht schnell gehen, und diese Tiefe erreicht man auch nicht in zwanzig verschiedenen Bereichen.

Bewegte Rituale – mit Leidenschaft das Feuer beschwören

Hier noch eine Anregung, die du frei in deine Praxis einbauen kannst. In den meisten ursprünglichen Kulturen gehören Tanz und Ritual fest zusammen. Wir haben hierzulande oft einen sehr akademischen Zugang zur Magie, zumindest zu Anfang: Wir lesen Bücher, tauschen uns aus und machen uns lauter schlaue Gedanken. Was nicht verkehrt ist, aber über den Körper, über Rhythmus und Bewegung und all die Emotionen, die dabei ins Spiel kommen, kann man nochmal eine Ebene tiefer gehen. In einigen afrikanischen Traditionen zum Beispiel hat jede Gottheit ihre eigenen Tänze und Rhythmen, die getrommelt werden. Dazu gibt es Gesänge, Symbole, Farben und Gegenstände, die ins Spiel kommen. Das ist eine vollständige spirituelle Kultur.

Das alles haben wir nicht oder nicht mehr, und schon gar nicht haben wir es bereits als kleine Kinder gesehen und damit tief verinnerlichen können. Der innere Widerstand dagegen, sich einfach einmal gehen zu lassen, ist daher weit verbreitet. Aber wir entdecken heute immer stärker die alten, naturverbundenen Wege, auch wenn das Handwerkszeug, das es sehr wahrscheinlich auf seine Art auch in unseren Breiten einmal gab, nicht mehr da ist. Entfernte Erinnerungen blitzen noch auf, den Tanz in den Mai gibt es zum Beispiel bis heute.

Mit dem Tanz verlassen wir die »braven« Rituale, in denen wir eine Kerze entzünden und dazu unseren Spruch sagen. Hier kommt das pralle Leben ins Spiel, und du kannst die Energie für das, was du ausdrücken möchtest, anheizen, wie es dir beliebt.

Taste dich langsam an dieses Feld heran, wenn es dich interessiert. Erweitere deinen Spielraum und lerne dem Körper zu vertrauen, er wird sich ausdrücken, denn das liegt in seiner Natur, man muss ihn nur machen lassen.

Behutsamkeit und Neugier sind die besten Zutaten. Die Trennung von Kopf und Körper ist in unserer Kultur so tiefgehend, dass man dem Körper oft gar nicht zutraut, dass er tanzen kann. Es ist eigentlich erstaunlich, dass man ihm, der eigenständig Blut pumpt, Hirnströme fließen lässt, komplexe Nervensysteme nutzt und sich selbst ohne jedes gedankliche Zutun aus der Nahrung neu erschafft, etwas so vergleichsweise Simples wie Tanzen nicht zutraut.

Was ich dir mit all dem sagen möchte: Vertraue dir selbst, lausche auf deine innere Stimme und gehe deinen Weg. Es ist alles vorhanden, was du brauchst, um eine erfüllte, glückliche Hexe – ob in der Stadt oder auf dem Land – zu werden. Gib dem Körper einfach nur die Chance, in seiner Zeit zu wachsen.

Spirituelle Übungen

Die folgenden Übungen sind Anregungen für deinen Weg, die mehr dem Inneren entsprechen. Sie sind teilweise meditativ, und vor allem verbinden sie dich stark mit dir selbst und deiner Mitte. Das kann dir eine Basis schaffen, von der aus deine Magie umso kraftvoller wird. Du musst keinesfalls eine nach der nächsten abarbeiten. Wähle aus, was dich anspricht, und dann vertiefe es in Ruhe. Wenn etwas auch nach mehreren Versuchen innerlich nicht zündet, probiere etwas anderes aus.

Wandele ruhig auch etwas ab, wenn du das Gefühl hast, die Grundidee ist gut, aber ich fände es so oder so noch wirkungsvoller. Magie und Kreativität gehen Hand in Hand, sie haben ihren Ursprung im selben Energiepool, weshalb das eine vom anderen nicht trennbar ist.

Schon vor Jahrhunderten waren Künstler immer mit unter den Ersten, die sich spirituellen Schulen, Logen, Orden oder Vereinigungen anschlossen. Und weit davor waren es die Schamanen, die immer auch gemalt, getanzt, geschnitzt oder auf sonstige Weise kreativ gearbeitet haben, um dem innerlich Empfundenen ihrer Spiritualität auch eine äußere Form zu geben.

Eine Übung, um sich mit den Spirits zu verbinden

Es gibt viele Techniken, um sich mit den guten Geistern zu verbinden. Manche trommeln, andere meditieren und wieder andere lassen ihre Gedanken auf langen Spaziergängen schweifen oder suchen den Kontakt im Halbschlaf. Man muss oft ein bisschen experimentieren, bis man das Richtige gefunden hat, und mit der Zeit wandeln sich die bevorzugten Methoden oft, so wie man sich selbst auch weiterentwickelt.

Bei allen geistigen Übungen ist Offenheit für das, was ist, entscheidend. Viele haben eine Erwartung, zum Beispiel, dass sie ihre Geistführer sehen oder dass diese mit Worten zu ihnen sprechen, etwa so, als würde man einen Film schauen. Das ist aber nur eine Möglichkeit unter vielen.

Manchmal macht man Übungen, um sich zu verbinden, und erfährt erst einmal gar keine Reaktion, aber drei Tage später kommt plötzlich die Antwort. Magie funktioniert nicht in unserer Vorstellung von Zeit: Ich frage und die da drüben antworten mir sofort. Magie findet in einer Art Zwischenzeit statt, zwischen unserer Zeit und der Ewigkeit. Man hat also nichts falsch gemacht, wenn nicht sofort etwas passiert. Oder sagen wir es anders: Wer denkt, er hätte kein Ergebnis erzielt, ist meist etwas vorschnell.

Für diese ganz einfache Übung ist Ruhe wichtig, eine Viertelstunde sollte es mindestens sein, wenn du dir eine halbe Stunde (gern auch mehr) freihalten kannst, umso besser. Aber da Zeit für die meisten ein knappes Gut ist, ist das eben nicht immer möglich.

Wähle ein sanftes und zugleich starkes Räucherwerk, das dich erdet. Es muss dir gut gefallen, passende Räucherstoffe sind beispielsweise Guggulharz, weißes Sandelholz, Patschuliblätter, Eichenrinde oder tibetische Räucherstäbchen, die meist rein natürlich sind und sehr gut erdende Düfte haben. Fühle dich frei zu experimentieren.

Entzünde das Räucherwerk und räuchere dich ab, von den Füßen bis zum Kopf. Stell es dann neben dir ab und setz dich bequem hin. Leg eine Augenbinde an oder verdunkele den Raum. Der visuelle Sinn ist bei den meisten Menschen stark ausgebildet, und wenn man ihn einmal ausblendet, kommen die anderen Sinne leichter zum Zug, auch der sprichwörtliche siebte Sinn.

Bitte deine Spirits zu dir und besprich mit ihnen, was gerade bei dir ansteht. Ob du die geistigen Wesen spürst oder nicht, sprich zu ihnen. Aber nicht wie ein Wasserfall, die Stimmung sollte liebevoll, aber auch respektvoll sein.

Lass dir Zeit und erwarte nicht, dass deine Gedanken nie abschweifen. Wenn sie dir aber die ganze Zeit wie ein Wirbelwind durch den Kopf fegen, ist es gut, wenn du zusätzlich mit der Praxis einer Achtsamkeitsmeditation anfängst. Und wenn es nur fünf bis zehn Minuten am Tag sind, du wirst einen deutlichen Unterschied bemerken – in deiner Arbeit mit den Spirits, aber auch im ganz normalen Alltag.

Wenn alles gesagt ist, lausche in dich hinein. Wie gesagt, die Zeichen kommen manchmal erst später. Deshalb ist es immer gut, die Spirits zu bitten, dass sie dir ein Zeichen senden, das du *erkennen* kannst. Das hört sich nach einem unbedeutenden Detail an, aber aus der Praxis wissen viele, dass es manchmal das entscheidende Detail ist und man hin und wieder Monate oder sogar Jahre lang einen ganz bestimmten Hinweis immer wieder übersehen hat.

Wenn du fertig bist, nimm die Augenbinde ab oder mach wieder Licht im Raum und räuchere dich noch einmal von Kopf bis Fuß ab, um wieder ganz im Hier und Jetzt anzukommen. Bedanke dich bei den guten Geistern und genieße das angenehme Gefühl eurer Verbindung.

Solche Treffen mit der spirituellen Ebene können gerade in einem stressigen Alltag zu wichtigen Inseln der Ruhe und der Kraft werden. Je stressiger es wird, desto dringender braucht man sie. Für den Anfang wäre zweimal die Woche ein guter Start, gern auch öfter. Ideal wäre eine tägliche Praxis, aber das ist für die wenigsten machbar, und es soll ja nicht der nächste Punkt auf der stressigen To-do-Liste werden, sondern dir wirklich etwas geben.

Eine Übung um der inneren Stimme zu lauschen

Für diese Übung brauchst du einen Baum, den du gern magst, zum Beispiel in einem Park oder Wald. In vielen Parks (zumindest hier bei uns in Leipzig) ist es mittlerweile völlig normal, dass sich Yogagruppen treffen oder Menschen Tai Chi oder Qi Gong üben, da fällt man nicht groß auf, wenn man sich meditierend unter einen Baum setzt. Ein Kissen ist eine gute Idee, damit du bequem sitzen kannst. Wenn es draußen feucht ist, kannst du es einfach in eine Tüte stecken.

Setz dich also unter den Baum und lehne deinen Rücken (wenn möglich) an seinen Stamm. Spüre seine Kraft und mach erst einmal gar nichts, sondern lass den Moment und die Umgebung auf dich wirken. Im Alltag ist man es gewohnt, Dinge schnell auf den Punkt zu bringen, aber hier ist ein sanftes Hinübergleiten in den meditativen Zustand viel besser. Das setzt dich auch nicht so unter Druck wie ein »Kaltstart«, wenn du gerade angekommen bist und gleich loslegen willst.

Sitz also eine Weile, spüre den Baum und komm dabei immer mehr zu dir, von seiner Kraft zu deiner. Spüre deinen Rumpf, der ja auch so etwas wie ein Stamm ist, und fühle die Energie im Körper. Wenn dir das anfangs schwerfällt, beginne Schritt für Schritt: Wie fühlt sich der Kopf an? Wie die Schultern? Wie der Nacken? Und so weiter, bis du bei den Zehen angekommen bist. Beschreibe es nicht als »gut« oder »schlecht«, man ist ja schnell geneigt zu sagen: Ah, das fühlt sich gut an, das fühlt sich schlecht an. Bleibe einen Schritt vor dieser Bewertung stehen und beschreibe nur das Gefühl an sich, zum Beispiel: warm, leicht, drückend, kribbelnd, dumpf, angespannt, kühl, verkrampft, hart, schwer ...

Deine innere Stimme spricht durch deinen Körper zu dir, sei das durch Körpergefühle (das berühmte Bauchgefühl) oder geistig – so oder so läuft es über den Körper, denn in ihm nimmst du es wahr, weshalb diese Übung auch mit ihm beginnt.

Stell deiner inneren Stimme dann eine Frage, die dich gerade beschäftigt. Du kannst aber auch einfach fragen: Was steht an? Und dann lässt du sie frei zu Wort kommen.

Sitz dabei aber nicht wie ein wachsamer Schießhund da, sondern lass es laufen. Viele sind anfangs bei solchen Übungen angespannt und wollen unbedingt ein konkretes Ergebnis haben. Die innere Stimme kann aber ziemlich schüchtern werden, wenn sie merkt, dass die volle Aufmerksamkeit auf sie gerichtet ist. Besonders wenn sie etwas mitzuteilen hat, das nicht zu dem passt, was »man« macht oder was du an Glaubenssätzen verinnerlicht hast. In diesem Fall gibt es einen guten Trick: Richte einfach nicht die ganze Aufmerksamkeit auf sie. Ich beschreibe das mal bildlich: Wenn du jemanden beobachten willst und er sich dabei nicht beobachtet fühlen soll, was machst du dann? Richtig, du tust so, als würdest du etwas ganz anderes angucken. Nachdem du also deine Frage an die innere Stimme gerichtet hast, schau dir die Baumkrone über dir an, lass den Blick und auch die Gedanken etwas schweifen. Dann plötzlich merkst du, wie sie etwas sagt. Da kommt vielleicht ein Satz, ein Gedankenfetzen, eine Erinnerung, ein Bild oder auch ein Songtext, der aufsteigt und dir etwas sagen will. Nimm es wahr, aber stürze dich nicht gleich drauf, vielleicht kommt ja noch mehr. Analysiere jetzt auch noch nichts, das kannst du machen, wenn du wieder zu Hause bist. Lass erst einmal den Zauber des Moments wirken.

Bleib gelassen sitzen, solange du etwas wahrnimmst und die Konzentration nicht abschweift (meist merkt man sehr genau, wenn für den Moment Schluss ist). Notiere dir anschließend ruhig, was du wahrgenommen oder vernommen hast, bevor du aufbrichst, und wertschätze alles, was da gekommen ist. Manchmal weist eine vermeintlich kleine Botschaft auf etwas ungeheuer Wichtiges hin. Man merkt es nur noch nicht, weil man im üblichen Gedankenmuster ist. Das Leben hat oft Sinn für Ironie, und wenn man seine Notizen Monate oder auch Jahre später noch einmal ansieht, waren es oft die kleinen Sätze und Hinweise, die die zentralen Punkte angesprochen haben.

Tinte und Wasser

Die Meditation mit Tinte und Wasser ist ein Klassiker, den ich dir empfehle, um zur Ruhe und in deine Mitte zu kommen. So werden dir deine Anliegen klarer. Du kannst sie auch machen, wenn dich eine Frage umtreibt, denn mit der Zeit lässt sie sich auch zum intuitiven Wahrsagen verwenden.

Nimm dazu ein möglichst großes Glasgefäß und fülle es mit Wasser. Gib je nach Stimmung Tinte in einer Farbe deiner Wahl hinein und betrachte, wie sich Tinte und Wasser vermischen. Du kannst auch verschiedene Tinten dabei mischen.

Bleib ganz frei, ganz offen und lass dich einfach auf den Moment ein, bis du innerlich hineinfällst in das, was du siehst, und damit für den Augenblick verschmilzt.

Besonders wirkungsvoll ist diese Meditation, wenn der Raum etwas abgedunkelt ist und du dir Kerzen oder ein sanft gedimmtes Licht anmachst. Das richtige Licht macht viel aus und erleichtert den Einstieg in die meditative Stimmung.

Lass dir Zeit, es ist nicht ungewöhnlich, dass man anfangs denkt: Ich weiß nicht, was die alle haben, aber bei mir passiert da einfach nichts. Ich sehe nur Tinte in Wasser. Das zeigt, dass man noch sehr ehrgeizig ist, man will es unbedingt richtig machen, und diese Spannung ist so stark, dass die feinen Regungen des Gefühls gar nicht hochkommen. Versuche es später noch einmal, wenn du gelassener bist.

Ein ungewöhnlicher Tipp noch an dieser Stelle: Wenn es dir sehr schwerfällt, probiere diese Meditation einmal nach einem anstrengenden Tag, wenn du gar nicht mehr die Kraft für besonderen Ehrgeiz hast. Bei manchen bringt das den Knoten zum Platzen. Um eine neue Ebene zu erschließen, muss man sich manchmal zu Beginn ein bisschen selbst austricksen.

Meditatives Gestalten

Du merkst es schon: Meditation ist auf einem spirituellen Weg sehr wichtig, auch für Hexen. Wer meint, dass er einfach nicht meditieren kann, für den sind aktive Wege der Meditation eine gute Wahl. Alles, was man tut, kann zu einer Meditation werden, der Schlüssel ist die Achtsamkeit.

Manche erleben dieses völlige Aufgehen im Hier und Jetzt beim Malen, andere beim Fotografieren oder bei Handarbeiten. Manche auch beim Kochen oder wenn sie in der Natur spazieren gehen. Das Wie entscheidet. Man kann spazieren gehen und dabei Musik hören, während man über dieses oder jenes nachdenkt. Man kann aber auch spazieren gehen und die Geräusche der Umgebung wirklich wahrnehmen. Bewusst einen Fuß vor den anderen setzen, die Eindrücke auf sich wirken lassen, ganz im Hier und Jetzt sein. Dann wird es zur Meditation.

Die Japaner haben sogar aus dem Teetrinken einen spirituellen Weg gemacht, nichts ist zu profan. Jede Tätigkeit, die man bewusst zelebriert, kann ein Fokus unserer geistigen Kraft werden. Das Leben ist ein Ganzes, und die Spiritualität ist einfach ein Teil davon, sie schwebt nicht oben drüber, sondern steckt in allem mit drin. Allzu abgehobene Praktiken sind für Menschen mit einem normalen Alltag auch einfach nicht machbar. Wenn ein spiritueller Weg mitten im Leben stehen will, dann muss er praktikabel sein.

Es gibt natürlich immer solche, die im Alltag so wenige Herausforderungen haben, dass sie meinen, allen anderen erzählen zu müssen, wie leicht das alles sei, wenn man nur will. Solche Leute haben in der Regel keine kleinen

Kinder, keine Geldsorgen, keinen Stress im Job und keinen Streit mit dem Partner und so weltliche Dinge wie Hausarbeit. Natürlich hat man da leicht reden! Lass dich davon nicht irritieren – bleib auf deinem Weg und sieh, was du für dich in Sachen Spiritualität und Magie tun kannst.

Überprüfe generell hin und wieder, ob alles noch stimmig ist auf deinem Weg. Menschen sind unterschiedlich, und nur weil gerade Yoga, Zen, Trancetanzen oder schamanische Schwitzhütten in Mode sind, muss das nicht zwangsläufig etwas mit deinem eigenen magischen Kosmos zu tun haben. Lass dich auch nicht in diese Wettkampfstimmung hineinziehen, die man manchmal beobachten kann: Wer ist erleuchteter? Wer kann länger meditieren? Wer hat magisch mehr auf dem Kasten und mehr Initiationen gesammelt? Wer kennt die eindrücklicheren Wesenheiten, wer die giftigsten Kraftpflanzen, wer hat das angesagteste Totemtier, wer das teuerste Ritualgewand ... Die Liste lässt sich beliebig fortsetzen, und sicher hast du schon deine eigenen Erfahrungen in dieser Richtung gemacht. Solche Diskussionen haben nichts mit Spiritualität zu tun, sondern erinnern eher an Halbstarke, die über große Autos philosophieren, die sie irgendwann mal fahren wollen. Bleibst du bei einer oder ein paar meditativen Techniken – ob still oder kreativ und in Bewegung –, werden dir die wahren spirituellen Hintergründe ohnehin immer klarer bewusst.

Eine magische Maske anfertigen

In vielen spirituellen Traditionen auf der ganzen Welt spielen Masken eine wichtige Rolle. Sie symbolisieren in Tänzen die gerufene Kraft, wie ein zweites Ich, das sich mit der tanzenden Person für die Zeit des Rituals verbindet. Manchmal werden sie auch wie magische Figuren behandelt, nur dass sie dabei an der Wand hängen und nicht auf einem Altar stehen.

Bei Meditationen und in der inneren Arbeit erleichtert eine Maske den Übergang vom Alltagsbewusstsein in das spirituelle Bewusstsein. Man kommt schneller »runter« vom Alltag und ist dann wirklich da für das, was man vorhat. Natürlich sind dabei auch Entspannungsübungen hilfreich, aber die Erfahrung zeigt, dass konkrete Gegenstände, die man richtig in die Hand nehmen kann und mit denen man etwas verbindet (zum Beispiel weil man sie selbst angefertigt hat) das Ankommen im Moment ebenfalls sehr unterstützen. Je öfter du es übst, desto leichter geht es: Du legst die Maske an und merkst, wie sich auch innerlich etwas verändert.

Der Mensch ist nicht nur ein geistiges Wesen, auch wenn manche spirituellen Wege das sehr betonen. Wir Hexen wussten schon immer auch um die spirituelle Kraft des Körpers und dass es manchmal viel einfacher ist, etwas im wahrsten Sinne des Wortes zu be-greifen, als sich den Kopf darüber zu zerbrechen.

Für diese Übung brauchst du vor allem Zeit, denn die Ideen und Eingebungen für eine Maske kommen meist Stück für Stück, bevor man sie dann zu einem Ganzen zusammenfügen kann. Manche Masken werden nie wirklich fertig beziehungsweise sind immer in lebendiger Bewegung.

Heute wollen wir Dinge gern fertig machen, und dann sollen sie beständig sein. Auch da können wir von anderen Kulturen lernen, die ihre ursprünglichen spirituellen Wege besser bewahrt haben. In einigen Traditionen ist es sogar undenkbar, dass eine Maske (oder auch ein Altar, eine Vorgehensweise ...) über lange Zeit *nicht* verändert wird. Das wird gleichbedeutend mit Erstarrung gesehen. Da das echte Leben immer weitergeht und nie stehen bleibt, ist in diesen Traditionen auch ein spiritueller Gegenstand erst kraftvoll, wenn er in diesem Sinne lebendig ist, also auch immer mal verändert wird und damit widerspiegelt, was sich in seiner Umgebung und im Inneren der Menschen gewandelt hat. Du musst das natürlich nicht eins zu eins so übernehmen, aber es ist eine Möglichkeit, die die spirituelle Praxis sehr bereichern kann.

Um eine magische Maske anzufertigen, rufst du sie am besten in einem Ritual. Das kannst du frei gestalten, der folgende Ablauf ist nur eine Anregung, denn manchmal ist es einfach schön, wenn man einen Punkt hat, von dem aus man starten kann.

Ein weißes Tuch als neutrale Unterlage wäre ideal. Wobei du dieser Arbeit auch einen speziellen Anstrich geben kannst, wenn die Maske für einen bestimmten Lebensbereich gedacht ist. Klassische Korrespondenzen dafür sind:

- Liebe und Harmonie – rosa
- Wille und Tatkraft – rot

- Wohlstand – grün, gold
- Spirituelles – lila, silber
- Schutz – schwarz, grau, rot (eher dynamisch)

Nimm etwas Räucherwerk (leichte, luftige Düfte wie Mastix, Lavendelblüten, Minze, Lemongrass oder Ähnliches) für die Luft, eine rote Kerze für das Feuer, eine Schale oder ein Glas Wasser und einen Stein für das Element Erde. Arrangiere das alles so, dass das Räucherwerk im Osten steht, die Kerze im Süden, das Wasser im Westen und der Stein im Norden. Schau dir das Ganze an, ob für dich noch etwas fehlt, und füge es gegebenenfalls hinzu. Sei in der Gestaltung so üppig oder dezent, wie du magst.

Wenn alles bereit ist, das Räucherwerk und die Kerze entzündet sind, bitte die spirituelle Ebene in deinen eigenen Worten, dir Eingebungen für die Maske zu schicken und (das ist wichtig) bitte sie auch, dass du diese Eingebungen erkennen und verstehen wirst. Erfahrene Hexen werden an dieser Stelle wissend schmunzeln, denn das ist kein unwichtiges Detail. Wir alle haben schon die Erfahrung gemacht, dass wir erst im Nachhinein erkannt haben, was eigentlich unübersehbar vor uns lag.

Wenn du das Gefühl hast, dass alles gesagt ist, lass das Räucherwerk zu Ende glimmen und die Kerze abbrennen (das kann man auch in mehreren Etappen machen, bevor man den Ritualplatz wieder abbaut) und halte in den nächsten Tagen oder auch Wochen die Augen offen, was kommt.

Auf irgendeine Weise kommt jetzt die Inspiration zu dir, du siehst im Außen entsprechende Bilder oder erhältst innere Eindrücke. Oft wird dabei auch die gewünschte Technik für den Maskenbau übermittelt. Sie kann aus Pappe geklebt, aus Ton gemacht werden, mit Pappmaché oder sogar aus Leder oder Holz gearbeitet werden. Manchmal bekommt man ein klares Bild vor Augen und fühlt sich damit erst einmal überfordert. Eine Maske aus Holz kann einem zum Beispiel zunächst zu schwierig erscheinen, vor allem beim Gedanken daran, dass man zum letzten Mal im Kindergarten geschnitzt hat.

Versuche es trotzdem, du hast um Führung gebeten, dann solltest du sie auch umsetzen. Das Wie lässt meist einigen Spielraum zu, und im Internet findet man jede Menge Anleitungen und Ideen, die auch Anfänger gut umsetzen können. Versuche dich nicht um Dinge zu drücken, weil sie Vorüberlegungen erfordern oder unbequem sind.

Mit Masken zu arbeiten bringt, wie jede echte spirituelle Arbeit, auch Verantwortung mit sich. Es ist spielerisch, aber kein Spiel. In jeder Maske drückt sich ihr Geist aus, der wahrgenommen und gut behandelt werden möchte. Wenn du schon im Entstehungsprozess anfängst, Abkürzungen zu nehmen und aus Bequemlichkeit zu schummeln, wäre das nicht gut. Der Respekt muss von beiden Seiten kommen.

Natürlich ist dabei auch die weitere Pflege wichtig. Räuchere für deine Maske, wenn du spürst, es wäre wieder einmal an der Zeit dafür, oder stelle ihr einen guten, kräftigen Kaffee, einen duftenden Likör oder ein schönes Gericht hin. Vielleicht möchte sie auch Zigarren oder Kokosmilch, manche Masken haben exotische Wünsche, die sie uns meist über innere Bilder oder spontane Gedanken mitteilen. Frauenmanteltee scheint bei vielen weiblichen Masken hoch im Kurs zu stehen.

Arbeite bewusst mit deiner Maske. Du musst nicht in Ehrfurcht erstarren, aber du solltest auch nicht in diese Haltung verfallen: Ich probiere das mal, vielleicht wird es ja was, aber so richtig glaube ich da eigentlich nicht dran. Keine Schamanin, keine afrikanische Voodoo-Heilerin und kein südamerikanischer Curandero würde mit einer Maske leichtsinnig umgehen. Genauso respektvoll wie sie sollten auch wir uns diesem Thema widmen.

Besondere Hilfen für Stadthexen

Das moderne Leben hat es in sich. Gerade als Stadthexe hat man dabei aber unendlich viele Möglichkeiten, für Ausgleich und stets neue Kraft zu sorgen. Letztlich handelt dieses gesamte Buch davon. Insbesondere die folgenden beiden Anregungen möchte ich dir aber noch für den eher inneren Weg mitgeben, bevor wir dann zu speziellen Rezepturen und die Magie im Außen kommen.

Traditionelle Edelsteinmagie

Es gibt verschiedene spirituelle Praktiken, die uns von den Roma überliefert wurden. Eine besonders schöne ist die folgende, die bei genügend Übung einen starken und sanften Start in den Tag ermöglicht – insbesondere für das Großstadtleben nützlich. Wie so viele wirkungsvolle Techniken ist sie im Grunde recht einfach. Die Kunst besteht darin, es wirklich zu tun. Die eigentliche Magie profitiert von einer gewissen Regelmäßigkeit.

Suche dir für diese Technik als Erstes für jeden Wochentag einen flachen Stein in der passenden Farbe. Die unten stehenden Zuordnungen basieren auf dem System der sieben Planeten, allerdings in der klassischen Version, sodass zum Beispiel der Venus (Freitag) nicht heute übliche Farben wie Rosa und Ähnliches, sondern das altüberlieferte Grün zugeordnet wird:

- Montag – klar oder weiß
- Dienstag – rot
- Mittwoch – ein mehrfarbiger, pastellfarbener oder schillernder Stein
- Donnerstag – kräftig blau oder violett
- Freitag – grün
- Samstag – schwarz
- Sonntag – gelb

Zur Einstimmung auf die spezielle Energie eines jeden Wochentages lege morgens noch im Halbschlaf (eine magische Zeit, in der die Türen zwischen den Welten offen stehen) den Stein des jeweiligen Wochentages auf deine Stirn. Visualisiere klar seine Farbe und beginne nun, sie von den Füßen anfangend in den ganzen Körper hineinzuatmen, bis du am Kopf angekommen bist. Bade in diesem Licht, und wenn du dich energetisiert genug fühlst, dann öffne die Augen und gehe in deinen Tag. Den Stein kannst du den ganzen Tag bei dir tragen, um diese Kraft bei dir zu behalten.

Diese Edelsteintechnik hilft in Zeiten, in denen sich alles immer schneller zu drehen scheint. Den meisten Menschen fällt sie anfangs nicht ganz leicht, zu groß ist der innere Antrieb, gleich aus dem Bett zu springen. Oder es passiert das Gegenteil: Man schläft gleich wieder ein. Es braucht eine Zeit der Übung, bis man sie beherrscht, dann ist sie allerdings nicht nur eine morgendliche Energiedusche, die uns auf den jeweiligen Wochentag und seine ganz spezielle Kraft einstimmt, sondern verfeinert auch unser Können, im Halbschlaf Botschaften zu senden, Wünsche zu formulieren und uns selbst positiv für den Tag zu stimmen.

Als Alternative kann man den Stein des kommenden Wochentages auch abends unter das Kopfkissen legen oder sich über Nacht einen sehr kleinen, flachen Stein mit einem Pflaster auf die Stirn kleben und beobachten, welche Botschaften er einem im Traum sendet. Es lohnt sich wirklich, in diese Richtung zu experimentieren und dabei ein Traumtagebuch zu schreiben, in dem man morgens alles notiert, an das man sich erinnern kann. Je länger man es übt, desto leichter erinnert man sich. Auch Leute, die sich üblicherweise nie an ihre Träume erinnern, können es erlernen.

Pflanzenfreunde

Wenn du einen guten Draht zu Pflanzen hast oder ihn bekommen möchtest, können dir sogar deine Zimmerpflanzen wertvolle Wegbegleiter werden. Finde heraus, welche der Pflanzen deiner Wohnung deine Lieblingspflanze ist. Vermutlich lässt sich das nur schwer entscheiden, du kannst auch immer mal eine andere Pflanze als Partnerin für diese Übung wählen. Nimm sie mit an einen Platz, an den du dich gern zurückziehst (Lieblingssessel, Bett, Sitzkissen, Yogamatte ...) und setze dich ihr gegenüber hin. Mach es euch gemütlich, mit schöner Musik und vielleicht etwas Duft, so wie es angenehm ist.

Erzähle der Pflanze von dir, in Gedanken oder in gesprochenen Worten, du kannst das auch abwechseln. Es ist völlig in Ordnung, dass sich das anfangs noch ein bisschen verrückt anfühlt. Wir leben in einer Kultur, die das natürliche Wissen um die Verbundenheit aller Dinge erst wieder entdeckt. Und immerhin redet sogar Prinz Charles mit seinen Pflanzen, du bist also in bester Gesellschaft. Sprich mit ihr darüber, was du erlebst, wie deine Tage verlaufen, was du dir wünschst, was im Moment schlecht und was gut ist. Achte darauf, dass beides vorkommt, auch das Gute muss seinen Platz haben, und jeder hat etwas, für das er dankbar sein kann.

Wenn alles gesagt ist, lass die Pflanze sprechen. Da sie keinen Mund hat, wird sie andere Wege wählen. Vielleicht erzählt sie in der ersten Zeit gar nichts oder scheint überhaupt nicht interessiert an einem Austausch. Das sollte man nicht persönlich nehmen. Pflanzen sprechen oft über innere Bilder zu uns, manchmal bekommt man die Antwort auch später in Träumen übermittelt. Vielleicht sieht sie auch »hungrig« aus, wenn es an der Zeit für einen Zinnkraut-Brennnessel-Tee ist (das Rezept findest du weiter hinten). Oder du spürst auf einmal, dass diese Pflanze genau jenen Kristall in ihren Blumentopf haben möchte. Ihr ist der Standort etwas zu sonnig oder nicht hell genug oder sie ist einfach gerade unzufrieden mit der Welt, in einer schwierigen Wachstumsphase oder wartet sehnlichst auf das Längerwerden der Tage nach dem Winter. Hab also Geduld mit ihr und erfülle ihr möglichst ihre Wünsche, wenn dir welche bewusst werden.

Wenn du erst einmal begonnen hast, mit Pflanzen zu reden, werdet ihr Partner. Auf Wegen, die nur sie selbst kennen, erfahren auch andere Pflanzen davon. So habe ich zum Beispiel nur einen Bruchteil meiner Pflanzen selbst gekauft. Die meisten von ihnen kamen von allein, sei es, dass ich die vergessenen Dekopflanzen einer Hinterhofparty der Nachbarn bei Wintereinbruch vor dem Frost gerettet habe oder dass sie halb tot neben einer Mülltonne standen und von mir wieder aufgepäppelt wurden.

Eine frühere Nachbarin erwies sich als Mietnomadin, die einfach alles in ihrer Wohnung zurückließ und verschwand. Ihren Kater habe ich in meiner Familie unterbringen können, und ihre halb vertrockneten Pflanzen brachte später der Vermieter zu mir, ob ich nicht etwas damit anfangen könne. Irgendwie sehen mir die Leute an, dass ich einen grünen Daumen habe, und auch wenn die Geschichte schon über fünfzehn Jahre her ist, habe ich einige der Pflanzen immer noch.

Pflanzenfreundschaften sind keine einseitigen Beziehungen. In einer schweren Zeit, als ich mich großen Herausforderungen gegenübersah, hielten sie mir die Treue und gaben mir ein Gefühl von Kraft und die Hoffnung darauf, dass alles besser wird. Was es auch wurde. Pflanzen sind mit ihren Wurzeln in der Erde verankert, sie können sich nicht aussuchen, wo sie wachsen. Das macht sie zu idealen Lehrerinnen, was das Annehmen und Verwandeln von Schicksalsschlägen betrifft.

Magische Praxis – die Basis der Stadthexe

Kaufen lässt sich heute sehr vieles. Aber je tiefer du in die Magie einsteigst, umso mehr wirst du selbst machen wollen. Denn dann weißt du um die genauen Zutaten – und die Herstellung selbst ist bereits ein magischer Akt, bei dem deine Absichten mit einfließen. Daher hier ein paar Basics, die zu jedem Stadthexen-Dasein dazugehören. Wie du diese Substanzen, Räucherwerke oder Talismane dann einsetzt, erfährst du in den nachfolgenden Kapiteln oder auch anderen Hexenbüchern.

Magische Substanzen selbst herstellen

Magisches Rosenöl

Am Preis von Rosenöl für den ersten Liebeszauber haben sich wohl ganze Generationen von Junghexen die Zähne ausgebissen. Ätherisches Rosenöl ist eine Kostbarkeit, und als ich es mir zum ersten Mal leisten konnte, war ich enttäuscht, denn es roch für mich einfach nur muffig. Natürlich lag das an der Konzentration, stark verdünnt kommt dann wieder die Leichtigkeit zum Tragen, und der Duft entfaltet sich wirklich auf schöne Weise.

Für magische Zwecke kann man ein eigenes Rosenöl einfach selbst herstellen. Als Basisöl wird dafür Mandelöl benötigt (ersatzweise auch Macadamianuss- oder Jojobaöl). Dazu kommen frische, ungespritzte Rosenblüten, deren Blätter man abzupft. Traditionell, das wussten schon die fahrenden Völker, zupft man die Blütenblätter von der Pflanze ab und schneidet nicht erst die Blüte ab, um dann die Blütenblätter zu ernten. Das hat etwas mit der Verbindung zur universellen Lebenskraft zu tun, die die Blütenblätter im Moment des Abzupfens noch haben sollten. Nicht immer ist das machbar, aber falls du die Möglichkeit hast, dann mach es so. Achte auch darauf, dass die Blüten möglichst nicht mit Metall in Berührung kommen.

Gib das Mandelöl in ein Wasserbad und fülle das Öl mit den frischen Blütenblättern auf. Wenn sie durch die Wärme (das Wasserbad sollte heiß sein, aber nicht kochen) schrumpfen, gib weitere Rosenblätter nach. Lass sie bei geringer Hitze etwa zehn Minuten simmern, dann schalte den Herd ab und lass die Blüten mit einem weißen Tuch abgedeckt über Nacht ziehen. Am nächsten Tag kannst du sie abgießen. Der günstigste Termin, dieses Öl herzustellen, ist einen Tag vor Vollmond im Stier, der Waage oder dem Skorpion, der den erotischen Aspekt des Liebesöles betont.

Wenn du Wert auf den Duft legst, gib in das abgekühlte Öl noch ein bis drei Tropfen ätherisches Palmarosaöl, das einen rosenartigen Duft hat.

Wobei du grundsätzlich nichts schönen musst. Wir sind heutzutage sehr starke Gerüche gewöhnt und nehmen die sanfteren Düfte schon gar nicht mehr wahr. Viele Geschäfte arbeiten zum Beispiel mit Düften, achte einmal darauf, wenn du einen Laden betrittst. Wenn man dann ein magisches Öl selbst herstellt, kann es passieren, dass man im ersten Moment enttäuscht ist, weil es nicht so intensiv duftet, wie man das erwartet hätte. Trotzdem sollte man sich ruhig einmal versuchsweise darauf einlassen, denn die magische Wirkung hängt nicht davon ab, wie stark etwas riecht, sondern woraus es besteht.

Als Variante kann man aus im Wasserbad erwärmter Sheabutter oder einem anderen kosmetischen Fett wie beispielsweise Mangobutter mit den Blütenblättern eine Rosensalbe herstellen, die sich ebenfalls vielfältig nutzen lässt.

Aqua Melissa

Aqua Melissa ist eine klare, einfache Rezeptur, die man immer im Haus haben sollte. Man benutzt es für jedes Thema, bei dem man positiv aufbauend wirken möchte. Die Melisse ist eine durch und durch fröhliche Pflanze, die einen Sonnenstrahl in jede noch so schwierige Situation bringt. Das daraus hergestellte Aqua Melissa ist ein Universalmittel, man kann die Karten vor einer Legung damit betupfen, es dem Putzwasser zufügen, es unverdünnt auf Ritualgegenstände auftragen oder als Glückswasser ein wenig davon auf den Puls, das dritte Auge und die Fußsohlen geben. Man kann auch einen Schluck davon in ein

Glas mit Wasser geben und es für eine gute Atmosphäre in einen Raum stellen.

Zur Herstellung braucht man drei frische Stängel Melisse samt Blättern, die man bei Neumond in eine Flasche guten Kornbranntweins oder Wodkas gibt. Dann lässt man sie zwei Wochen lang in der Sonne stehen, wobei man am besten einen schwarzen Untergrund wählt, der die Flasche zusätzlich erwärmt. Anschließend werden kurz vor dem exakten Vollmondtermin die Melissenstängel entfernt, und ein kleines Stückchen Bergkristall wird in die Flasche gegeben, den man zur Reinigung seit dem Neumond in reines Meersalz gelegt hatte. Dieser Bergkristall verbleibt in der Flasche, bis der Inhalt aufgebraucht ist.

Aqua melissa, also Melissengeist, gibt es auch fertig zu kaufen, warum also dieser Aufwand? In einem Notfall kann man ganz sicher auch fertigen Melissengeist verwenden, aber grundsätzlich trägt der den unsichtbaren Fingerabdruck der Firma, aus der er kommt. Gerade Flüssigkeiten nehmen Informationen sensibel auf, und in einem Fertigprodukt stecken dann bildlich gesprochen eben auch Informationen wie Firmenstimmung, Industrietank, Abfüllanlage, Lastwagen, Autobahn und Drogeriemarkt. Daher ist es so wichtig, durch bewusste Zubereitung eigene Rezepturen zu verwirklichen. Je weniger Zutaten man verwendet und je hochwertiger diese sind, desto klarer können sie ihre Energie entfalten.

Weitere Wässer

Natürlich kannst du auch jede andere Pflanze »einfangen«, indem du auf die beschriebene Weise einen Auszug machst, und diese Auszüge lassen sich auch miteinander mischen. Ich persönlich würde nicht mehr als drei Auszüge für eine Mischung verwenden, damit die Klarheit und die Kraft der Pflanzen erhalten bleiben.

Besonders beliebte magische Pflanzen (mehr im letzten Kapitel) sind:

Basilikum: für Liebe, Glück und Wohlstand, bricht das Negative und baut gleichzeitig das Positive auf

Brennnessel: eine starke Schutzpflanze, mit der auch die Liebe angestachelt wurde (allerdings eher die heißblütige und nicht unbedingt die verlässliche Form, das sollte man wissen, bevor man sie einsetzt), heutzutage auch bei Mobbing und Menschen, die ständig die gesunden Grenzen ihrer Mitmenschen überschreiten wollen (manchmal auch »Energievampire« genannt)

Johanniskraut: die große Lichtpflanze, sie erhellt Situationen, schenkt neuen Sonnenschein, hilft auch erdgebundene Energien ins Licht zu senden

Klee: am besten frisch von einer Wiese geerntet bringt er Glück und Schutz ins Haus, natürlich ist er auch für alle, die gern ihr Lottoglück versuchen oder auf andere Weise eine Extraportion Glück suchen, eine gute Wahl

Königskerze: baut Spannungen ab, der pflanzliche »Blitzableiter«, wenn viel Streit im Haus ist oder Situationen gelöst werden müssen, in denen die Standpunkte der Beteiligten sehr unterschiedlich sind

Minze: reinigt und bringt frischen Wind in Situationen, hilft, festgefahrene Prozesse in eine gute Richtung neu anzustoßen, und belebt

Ringelblume: eine Glückspflanze, die auch oft für Liebeszauber verwendet wird, als »kleine Sonne« wehrt sie böse Geister ab (und wurde deshalb früher gern auf Friedhöfen gepflanzt), durch ihre goldene Farbe ist sie aber auch für Geldzauber sehr beliebt

Rosmarin: Schutz und Segen für Übergangssituationen aller Art, in denen man etwas Neues beginnt (Umzüge, Ausbildungen, Heirat, Kinderwunsch, Reisen ... also grundsätzlich jede Situation, in der man einen früheren Zustand verlässt)

Salbei: die typischen Küchenkräuter haben fast alle auch eine magische Seite, der Salbei ist vor allem als Schutzpflanze und für eine gute Gesundheit beliebt, er wurde und wird aber auch gegen negative Energie und magische Angriffe verwendet

Zitronenschalen: gegen Neid, den bösen Blick, negative Personen und Energien

Als Stein kannst du wiederum einen Bergkristall oder einen farblich passenden Stein verwenden. Da kannst du entweder nach den bekannten Planetenkorrespondenzen oder nach deinem Gefühl gehen. Oft ist der erste Gedanke der beste.

Zinnkraut-Brennnessel-Tee für Zimmerpflanzen

Diesen Tee werden deine Zimmerpflanzen lieben, er ist aber auch ein gutes »Mitbringsel« für die Pflanzen der Stadt, draußen vor deiner Tür. Gib etwa eine Tasse getrocknete Brennnesseln und eine Tasse Zinnkraut (Schachtelhalm) auf zwei Liter Wasser und koche sie fünfzehn Minuten lang bei nicht zu starker Hitze aus. Dann abseihen. Abgekühlt kann der Tee pur oder verdünnt verwendet werden. Er kräftigt gesunde Pflanzen und verhilft kränklichen oder schwachen Pflanzen wieder zur Gesundheit und unterstützt sie darin, mit Schädlingen fertigzuwerden.

Räucherwerk für die Stadt

Zu Hause räuchern, das kennst du sicher bereits und praktizierst es auch. Du kannst damit reinigen, Kräfte einladen, bestimmte Stimmungen schaffen und gezielt einen Zauber vorbereiten. Räuchern kannst du aber genauso gut draußen in der Stadt, schließlich bist du nicht nur in deinen vier Wänden magisch aktiv. Um in der Stadt zu räuchern, ist vor allem eines wichtig: Das Räucherwerk muss so zusammengestellt sein, dass du es ohne großen Aufwand verräuchern kannst. Eine größere Muschel ist ideal dafür, denke aber nicht nur an Streichhölzer (oder je nach Witterung ein Sturmfeuerzeug), sondern auch an eine kleine Flasche Wasser, um das Ganze sicher löschen zu können.

Die folgenden Mischungen für die Stadt sind so gemacht, dass sie ohne jede Räucherkohle verglimmen. Dafür drückt man die Mischung einfach mit den Fingern in die Form eines Räucherkegels zusammen, zündet sie seitlich an, lässt sie einen Moment lang brennen und pustet die Flamme dann vorsichtig aus, damit die Räuchersachen verglimmen können.

Wann immer du eine Räuchermischung planst, die ohne weitere Hilfsmittel glimmen können soll, achte darauf, dass ein größerer Anteil aus Pflanzen wie Beifuß, Salbei oder Königskerze besteht, die etwas wollig sind und daher schwerer verglühenden Bestandteilen wie Harzen oder Wurzeln die nötige Hitze geben.

Wenn du die Kräuter zuvor im Mörser zusammen mit den Harzen zerstößt, verbinden sie sich besonders gut. Du kannst die Harze aber auch so daruntermischen. Wichtig ist nur, dass sie fein vermahlen sind, sonst räuchern sie schlecht ohne Kohle.

Mischung für Kreuzungen

Kreuzungen sind in allen Traditionen besondere Orte, an denen sich »die Linien kreuzen«. Dadurch sind sie Orte, an denen man leichter als anderswo mit der spirituellen Ebene in Kontakt kommen kann. Seit der Antike liest man in alten Zauberbeschreibungen, dass sie an Kreuzungen ausgeführt wurden. Viele Traditionen erschaffen aus diesem Grund sogar künstliche Kreuzungen, zum Beispiel indem Kreuze mit Kreide auf den Boden gezeichnet werden oder Kreuze aus Metall (aufgrund seiner Leitfähigkeit) Verwendung finden. Im Grunde ist auch jeder Altar eine Kreuzung, wenn auch nicht waagerecht, wie bei einer Wegkreuzung, sondern senkrecht.

Wenn du an einer Kreuzung räucherst, kannst du damit deine Verbindung zur spirituellen Welt stärken und neu beleben. Du kannst aber auch Wünsche und Anliegen aussprechen, denn hier werden sie besonders gut gehört.

Oft ist es nicht ganz leicht, ungestört in der Stadt zu räuchern, aber die frühen Morgenstunden etwa zwischen drei und fünf Uhr sind auch in Großstädten meist sehr ruhig, wenn die meisten Nachtschwärmer wieder zu Hause sind und die morgendlichen Jogger noch schlafen.

Verwende für diese Mischung:
3 Teile Beifuß
½ Teil fein zerstoßene Wacholderbeeren
½ Teil fein pulverisierte Myrrhe
1 Teil Lavendelblüten

Das Wohnhaus reinigen und schützen

In der Stadt wohnt man meist mit anderen zusammen in einem großen Haus, und auch wenn das manchmal zu Konflikten führt und nicht immer einfach ist, ist es insgesamt vergleichsweise friedlich, verglichen mit manchen Kleinkriegen, die sich Häuslebauer auf dem Land liefern. Vielleicht macht uns das enge Zusammenleben mit anderen weniger aggressiv als das Bedürfnis, ein teuer bezahltes eigenes Revier zu verteidigen. Zumindest ist das meine Erfahrung aus den Hexenberatungen.

Wie dem auch sei, es schadet auch in der Stadt nicht, das Haus, in dem man lebt, energetisch zu reinigen und zu schützen. Im Idealfall würdest du dafür das Haus oder den Häuserblock mit dem Räucherwerk in der Hand umrunden und danach das Treppenhaus ausräuchern – und die anderen Bewohner würden dir so dankbar sein, wie wenn du die Kehrwoche für sie übernommen hättest.

Soweit zum Ideal, in der Realität ist den meisten das Konzept spiritueller Reinheit unbekannt, und man würde dir den »Qualm« ziemlich übel nehmen. Das Leben hat da einen fabelhaften Sinn für Ironie, denn oft sind aus meiner Erfahrung Raucher die Ersten, die sich beschweren, wenn man räuchert.

Für die reale Praxis musst du dir also etwas einfallen lassen. Du kannst es so machen, dass du deine Wohnung mit dieser Mischung räucherst und dabei alle Fenster offen stehen lässt, sodass immer ein wenig hinauszieht und damit auch das Haus von außen erreicht. Mit deiner Intention, dass das Haus gereinigt werden möge, verstärkst du diese Wirkung.

Die angegebenen Kräuter und Harze der Mischungen werden stets pulverisiert oder so gut wie möglich im Mörser zerstoßen verwendet, dann räuchern sie am besten. Als Mengenangabe gilt immer die pulverisierte Menge eines Krauts oder Harzes.

Verwende für diese Mischung:
3 Teile Salbei
½ Teil Weißdorn (Blüten und Blätter)
1 Teil Weihrauchharz
½ Teil Angelikawurzel

Räucherwerk für Ämter, Behörden und Institutionen

Manchmal hängt vieles im Leben davon ab, wie andere entscheiden, die zwischen Paragrafen und Dienstvorschriften eingezwängt sind und oft so viel um die Ohren haben, dass sie beim besten Willen keinen guten Job machen können. Manchmal erfährt man aber auch Willkür oder hängt von unsichtbaren Netzwerken ab, die einem unbekannt sind. Wenn die Konkurrenz oder zum Beispiel ein Expartner beste Kontakte zu einer Behörde haben, die über Wohl und Wehe der eigenen Pläne entscheiden kann, hängt man ganz schön in der Luft. Nicht immer ist es so dramatisch, manchmal geht auch einfach nur alles zu langsam, braucht man dringend eine Zusage oder wenigstens eine Aussage.

In all diesen Fällen hilft die folgende Räuchermischung, und dazu auch gleich der praktische Tipp, denn es wird dir oftmals nicht möglich sein, zumindest in der Nähe der betreffenden Behörde zu räuchern. Dann vermahle die Zutaten fein in einem Mörser und stecke sie dir in einer kleinen Tüte in die Jackentasche. So kannst du das Räucherwerk – ohne es anzuzünden – unauffällig am Gebäude verstreuen.

Verwende für diese Mischung:
3 Teile Salbei
1 Teil Eichenblätter
½ Teil Johanniskraut
3 Teile Kleeblätter
½ Teil Ahornblätter
½ Teil Dammarharz
½ Teil Bärlappsporen (wenn der Fall besonders schwierig ist)

Schutz für Kinder

Die Stadt ist neben ihren schönen Seiten und abwechslungsreichen Möglichkeiten auch ein stressiger Ort, ganz besonders für die Kleinen. Mit der folgenden Räuchermischung kannst du die Göttin bitten, gut über die Kinder zu wachen und sie vor allen Gefahren zu beschützen. Räuchere am besten nachts und lass den Rauch bei offenem Fenster in den Mondschein hinauswehen.

Verwende für diese Mischung:
3 Teile Beifuß
1 Teil Kamillenblüten
1 Teil Haselnussblätter
½ Teil Myrrhe
1 Teil Holunderblüten (in schwierigen Fällen zusätzlich hinzufügen)

Mischungen für Parks

Parks sind die grünen Lungen der Städte, die kleine Auszeit, die Verbindung zur Natur. Wir können einfach nicht ohne. Sogar das hektische New York hat seinen Central Park und viele weitere kleine Anlagen, die besonders in sozialen Brennpunkten neue gemeinschaftliche Bande knüpfen helfen.

Urban gardening, also Stadtgärten, sind auch so ein Trend, der zeigt: Ganz Mensch sind wir erst, wenn wir die Verbindung zur Natur spüren. Wir brauchen das Ganze, nicht nur unsere Menschenwelt, die oft so verplant und vollgestopft ist, dass wir uns gar nicht mehr wie richtige Lebewesen fühlen.

Die Grünflächen der Städte leisten also eine wichtige Aufgabe, und als bewusste spirituelle Menschen ist es unsere Aufgabe, diesen starken, grünen Spirits immer wieder unseren Dank zu zollen für die Erholung, die Entspannung und die Rückverbindung zur Natur, die sie uns ermöglichen. Spiritualität bedeutet nicht nur nehmen, sondern auch geben. Heute wollen das viele auf der rein energetischen Ebene machen, aber alle alten Traditionen wissen: Du musst wirklich etwas geben, wenn du wirklich etwas bekommen willst. Ein frommer Spruch ist schön und gut, aber eine echte Opfergabe erreicht ein ganz anderes Level. Eine solche Opfergabe des Dankes ist die folgende Räuchermischung. Damit kannst du in den Park gehen, und wenn der Rauch in die Luft steigt, sprichst du deinen Dank aus.

Verwende für diese Mischung:
3 Teile Beifuß
½ Teil Fichten- oder Tannenharz (im Handel als Burgunderharz erhältlich, oder selbst sammeln und trocknen)
1 Teil Eschenblätter

Räucherwerk für die Wassergeister

Viele Städte liegen an einem Fluss oder an großen Gewässern, meist wurden sie genau deshalb dort gegründet, denn ohne Wasser gibt es keine menschlichen Siedlungen. Die Geister des Wassers waren schon immer ambivalent: Einerseits sind sie großzügige, Leben spendende Wesen, die das Leben erst ermöglichen. Auf der anderen Seite können sie auch zerstören, bringen Zersetzung und sogar den Tod mit sich. Auch heute noch ertrinken Menschen, die ihre Kräfte überschätzen, es gibt jeden Sommer Badeunfälle, und im Winter brechen Unvorsichtige im Eis ein. Natürlich tragen die Geister des Wassers keine Schuld daran, wenn wir zu wenig Respekt oder Erfahrung mit ihrem Element haben.

Die folgende Räuchermischung dient der Harmonisierung des gegenseitigen Verhältnisses, damit die guten und Leben spendenden Eigenschaften des Wassers immer neu in den Vordergrund rücken können:

Verwende für diese Mischung:
3 Teile Beifuß
1 Teil Minze
1 Teil Gummiarabicum
1 Teil Pflanzen vom Fluss oder See, für den du räuchern möchtest

Diese Mischungen sind erste Inspirationen für deine persönliche Arbeit. Es ist eine gute Sache, in jede Kräutermischung, mit der man arbeitet, Pflanzenteile aus der Umgebung mit einzubringen. Kräuter zu kaufen ist völlig in Ordnung, und oft ist es gar nicht anders machbar. Es wäre der Natur auch nicht geholfen, wenn wir losziehen und alles abrupfen, was wir finden können. Aber jeder, der körperlich mobil ist, kann hier und da auch etwas in der Stadt pflücken und so seine ganz persönliche Umgebung und ihre Spirits mit in die Räuchermischungen einbringen.

Kleines Extra: Schnaps für die Geister der Straße

Das Auto ist für seine Besitzer heute das, was früher das Pferd war: wertvoll und gleichzeitig ein Symbol der Unabhängigkeit und Freiheit. Früher verzierte man das Zaumzeug der Pferde mit allerlei Dingen, um Unglück und Schaden abzuwenden, heute machen die meisten Leute das unbewusst, indem sie irgendetwas an den Rückspiegel hängen.

In Asien und Afrika, wo die Autos oft morsch und die Straßen unsicher sind, ist es nicht ungewöhnlich, dass man vor einer längeren Fahrt die Reifen des Autos mit Schnaps (am besten Gin) begießt, um die Geister der Straße milde zu stimmen. Oft bekommen sie auch einen Schluck, der direkt auf die Straße gegossen wird. Trankopfer haben eine uralte Geschichte in allen Kulturen. Auch bei uns waren sie früher auf Bauernhöfen noch zu allen möglichen Zwecken üblich, ob mit Schnaps oder mit Milch.

Ein Mann erzählte mir mal, dass er im Urlaub gesehen hat, wie die Einheimischen in Asien sich mit einem Trankopfer auf eine längere Fahrt vorbereiteten. Das sei ihm so stimmig erschienen, dass er ein neues Auto immer auf diese Weise »tauft«, damit er unfallfrei fährt.

Wir alle kennen in der Region, in der wir leben, bestimmte Kreuzungen oder Strecken, auf denen es immer wieder Unfälle gibt. Auf einer sanft geschwungenen, aber vollständig einsehbaren Straße in der Nähe von Leipzig beispielsweise landen viele Autos im Straßengraben, nicht immer mit glimpflichem Ausgang, wie die vielen Kreuze am Wegesrand zeigen. In der näheren Umgebung gibt es einen Kultplatz aus der Zeit der Schnurkeramik (etwa 2800 bis

2200 v. Chr.), der eine außergewöhnlich starke Ausstrahlung hat und mit seiner Atmosphäre die ganze Landschaft um sich herum beherrscht. Vielleicht hat er etwas mit diesen Unfällen zu tun. Wenn ich in dieser Gegend bin, die landschaftlich wunderschön ist, habe ich meist einen kleinen Schnaps und etwas Räucherwerk für die guten Geister dabei.

Gerade vor Fahrten über Strecken, auf denen es häufig kracht, sollte man an die guten Geister denken, damit sie glücklich und zufrieden sind. Wenn Alkohol nur schwer einsetzbar ist, nimm ein paar Wacholderkörner und etwas Grieß, Getreidekörner oder Mehl und gib beides mit einem Dank und deiner Bitte neben die Bordsteinkante, bevor du losfährst.

Talismane anfertigen

Glücksbringer sind eine wunderbare Sache, um die Stärkung unseres Unterbewusstseins mit dem nötigen Quäntchen Glück »von oben« zu kombinieren. Was du einbeziehen möchtest, ist deine persönliche Entscheidung, ich gebe dir aber gern ein paar Tipps für den Start.

Ein schönes Ritual erstreckt sich über eine ganze Woche, an deren Ende du einen kraftvollen Talisman hast. Suche zuerst den für dein Anliegen passenden Wochentag:

Montag: Frauenthemen, Intuition, Gefühle, magische Kraft, Kinder und Familie

Dienstag: Durchsetzungsvermögen, Energie, nach vorn gehen, Mut, Selbstbehauptung

Mittwoch: Kommunikation, Glück durch Nachrichten, PR, Informationen, Werbung

Donnerstag: Glück, Finanzen, Ehre, Anerkennung, Souveränität

Freitag: Liebe, Harmonie, Freundschaften, Spaß, Anregungen, Kultur, Kunst, Lebensfreude

Samstag: Lernen, Festigung, Einschränkung, Tradition, Begrenzung, Bannung

Sonntag: Gesundheit, Lebenskraft, alles, was etwas mehr Sonne benötigt und erstrahlen soll

Klassische Symbole sind zum Beispiel:

Montag: Mond, Schalen, Hund, Eule, Muscheln

Dienstag: eine Minikeule, sprießende Zweige, Widder und Böckchen

Mittwoch: Hahn, ein Mini-Briefumschlag, ein Caduceus (Hermesstab), Schlangen

Donnerstag: goldene Münzen, Eichenblätter, Schwert, Krone, Adler

Freitag: Herzen, Rosen, Äpfel, Muscheln, Fische, Tauben

Samstag: Sichel, Messer, Uhr, Sanduhr

Sonntag: Sonne, Löwe, Sonnenblume

Du kannst diese Symbole in Form kleiner Schmuckanhänger, (ausgedruckter) Bilder oder Utensilien aus dem Bastelbedarf verwenden. Spätestens seit kleine Schmuckcharms wieder modern sind, bekommt man die verschiedensten Symbole ziemlich einfach überall. Achte darauf, wo es innerlich »klick« macht und was du wirklich als stimmig empfindest.

Setze dich an dem jeweiligen Wochentag in Ruhe an einen schönen Ort und meditiere darüber, was du erreichen möchtest. Schmücke diese Besinnung so aus, wie du es möchtest, von einer stillen Meditation bis zum üppigen Ritual kannst du jeden Weg wählen, der dir liegt. Gib der »anderen Seite« bekannt, worum es dir geht, und bitte um Inspiration.

Nun hast du eine Woche Zeit (oder einen Monat, wenn dir das zu kurz erscheint), um zu sammeln und zusammenzutragen, was durch die Energie der Meditation zu dir getragen wird. Es ist erstaunlich, was das alles sein kann, wenn wir erst einmal bei der geistigen Welt angefragt haben. Da kommt wirklich etwas zurück – über äußere Bilder und Worte ebenso wie über innere Wahrnehmungen. Aber auch ganz konkret in Form hilfreicher Dinge, dass man das passende Symbol findet oder einen ganz besonderen Glücksbringer entdeckt. Wir finden, was wir brauchen, fast als würden wir davon gefunden werden. Das alles gibt dir das gute und vertrauensvolle Gefühl, dass du von der anderen Seite gesehen und gehört wirst.

Setze dich nach der Woche (oder nach einem Monat) am selben Wochentag wieder ungestört in einer schönen Atmosphäre hin und breite die gefundenen Schätze – die Symbole und Glücksbringer, aber auch die Gedanken und Erkenntnisse (auf Papier notiert) vor dir aus. Spüre ihnen nach, nimm sie in die Hand, fühle, ob sie stimmig sind für dein Ziel. Verbinde alles, was stimmig ist, miteinander zu deinem Glücksbringer. Die einfachste Form ist, sie alle zusammen in Stoff einzuschlagen. Je nachdem, was es ist, kannst du auch ein Mobile daraus anfertigen, eine Figur daraus machen (vielleicht indem du Ton oder Bastelmasse aus dem Bastel- oder Künstlerbedarf mit einbeziehst). Mach dir keine Gedanken, ob du es richtig machst oder wie es aussieht. Vertraue einfach den guten Kräften und den Energien dieser Gegenstände, die zu dir gekommen sind, um dir zu helfen. Nimm dir die Zeit, nach den richtigen Materialien zu fahnden, um alles zu verbinden.

Generell gilt: Es muss nicht »schön« sein, es muss wirkungsvoll sein. Wenn man gern in andere Kulturen schaut, bekommt man ein gutes Gefühl dafür. Ich habe beispielsweise ein paar afrikanische Figuren, die nicht schön in unserem Sinne sind, aber eine Wärme und eine Magie ausstrahlen, die das völlig unwichtig machen.

Es geht um die Kraft, nicht um die Optik. Ich kam einmal mit einer Kundin ins Gespräch, die brasilianische Wurzeln hat. Brasilien vereint zahlreiche kulturelle und spirituelle Einflüsse, dort gibt es in spirituellen Läden Figuren der unterschiedlichsten Wesenheiten, von Engeln, Heiligen und afrikanischen Gottheiten zu kaufen. Diese Figuren werden in großen Mengen hergestellt, da ist die Bemalung nicht immer perfekt, und oft sind sie eher grob ausgearbeitet. Anscheinend stört das aber niemanden, wie sie mir bestätigte: Die Figuren sind das Symbol, sie rufen ihre Heiligen (»Heilige« ist ein umfassender Begriff in Brasilien und deutet auf alles, was einem heilig sein kann, also nicht nur auf christliche Wesenheiten) durch sie hindurch an und spüren dann ihre Kraft, zum Beispiel im Gebet. Sie beten aber nicht die Figur an, deshalb muss sie auch nicht perfekt sein. Man geht respektvoll mit diesen Figuren um, aber nicht weil man die Figur verehrt, sondern das, was hinter ihr steht. Wir können viel von solchen Wegen lernen, die bei uns leider weggebrochen sind.

Vielleicht wird schon, während du deinen Glücksbringer herstellst, eine Änderung der Situation eintreten. Das ist ein interessantes Phänomen, das man als »Energie des Anfangs« bezeichnen könnte. In der klassischen westlichen Magie und auch in manchen ihrer naturmagischen Ableger wird davon ausgegangen, dass ein Ritual erst in dem Moment zu wirken beginnt, in dem wir es abschicken. Die Erfahrung vieler Praktiker besagt aber etwas anderes. Manchmal beginnt ein Ritual in dem Moment zu wirken, in dem man anfängt, es zu planen. Das kann man gut an der Kerzenmagie veranschaulichen: Nicht selten berichten mir Leute, dass die erste Wirkung bereits zu spüren war, als sie die passenden Kerze gekauft hatten. Manchmal muss man den eigentlichen Zauber dann gar nicht mehr machen, oder man kann die Kerze dann bereits zum Dank für das Ergebnis entzünden und nicht mehr als Bitte um Veränderung. So ähnlich ist das auch mit Talismanen: Bereits während der »Sammelphase« ergeben sich oft erste Veränderungen. Bring die Arbeit trotzdem zu Ende, auch wenn sich bereits einiges in deiner Sache tut, damit die Energie nicht mittendrin abreißt und alles – bildlich gesprochen – wieder wie ein Soufflé in sich zusammenfällt.

Trage den Talisman anschließend bei dir, um das Gewünschte in dein Leben zu ziehen. Traditionell trägt man ihn direkt am Körper, aber du kannst ihn auch zu Hause an eine Stelle legen, die zum Thema passt, damit er es unterstützt. Ein Talisman für die Liebe kann im Schlafzimmer liegen, einer für die Familie in einem Schubfach unter den Familienfotos, die auf einem Sideboard stehen, und ein beruflicher Talisman kann zum Beispiel in den Ordner mit beruflichen Unterlagen und Zeugnissen gelegt werden.

Alles in Butter – Wunschlämpchen selber machen

Die folgende Technik findet sich so ähnlich in vielen Kulturen – für die afrikanischen Voodoo-Lampen, für die früher gebräuchlichen Olivenöllampen im mediterranen Bereich oder für die indischen und tibetischen Lämpchen. Bevor Kerzen in Mode kamen (und für einfache Leute erschwinglich wurden, was erst Mitte des 19. Jahrhunderts der Fall war), funktionierten die meisten Lampen mit Ölen oder Fetten. Das lässt sich magisch auch heute noch gut einbeziehen und hat den Vorteil, dass du alles selbst herstellen und mit deinen eigenen Gedanken und Absichten aufladen kannst.

Grundsätzlich sind auch Olivenöl oder ein anderes Pflanzenöl für diese Technik denkbar, aber geruchlich ist Butterschmalz (geklärte Butter, auch als Ghee in Indien- oder Bioläden zu haben) sehr angenehm. Alternativ ist Kokosfett möglich, das man im ganz normalen Supermarkt in Würfeln bekommt. Ich habe mit beiden Varianten gute Erfahrungen gemacht.

Butterschmalz kann man wie gesagt fertig kaufen, aber genauso schnell ist es selbst gemacht: Zerlasse dafür einfach bei mittlerer Hitze ein Stück ungesalzene Butter in einem Topf, bis sich ein weißer Schaum an ihrer Oberfläche bildet (Butter nicht bräunen lassen). Lass sie so eine Weile köcheln und schöpfe den Schaum ab oder gieße die erhitzte Butter durch ein sauberes Tuch – und fertig ist dein selbst gemachtes Schmalz, das sich auch wunderbar in der Küche verwenden lässt und nach ayurvedischer Tradition den Körper entgiften soll.

Du kannst es nun für die Lämpchen gleich weiterverarbeiten: Gib in das noch heiße Schmalz Blätter, Blüten oder Wurzeln und lass sie darin ziehen. Ich lasse es gern anschließend fest werden und erwärme es dann noch einmal, wobei ich die festen Zutaten dann herausnehme.

Hier ein paar Ideen für passende Zutaten:

Angelikawurzel: Schutz, Licht, Reinigung, allgemein zur Aufhellung von trüben Situationen; die Engelwurz (so ihr deutscher Name) ist natürlich auch bestens für alle geeignet, die gern mit Engeln arbeiten

Anis: fürs Liebesglück und zum Stärken der Intuition zum Wahrsagen und Kartenlegen

Birkenblätter: für Neuanfänge, wenn du reinen Tisch machen willst, um Klarheit zu bekommen und um Dinge für alle Beteiligten möglichst gut zu bereinigen

Eichenrinde: innere Stärke, Erdung, gegen Stress und um wieder in Kontakt mit der eigenen Kraft zu kommen, wenn zu viele Dinge gleichzeitig an einem zerren; für Gerechtigkeit, um männliche Götterenergien zu rufen

Holunderblüten: Schutz und Segen, speziell auch für Frauen und Kinder; um Göttinnenenergien zu rufen

Kalmuswurzel: bestärkt die sinnliche und sexuelle Energie, wirkt erdend, wenn man mit dem Kopf in den Wolken oder gestresst ist

Kamillenblüten: für Heilzauber aller Art, als sanfte Bestärkung und schützende Kraft für Zeiten emotionaler Herausforderungen

Lindenblüten: Liebeszauber und Sinnlichkeit

Lavendelblüten: Entspannung, Reinigung, um in die innere Mitte zu kommen

Jasminblüten: Liebe, Harmonie, stärkt das spirituelle Empfinden und die Verbindung zur geistigen Welt

Rosenblüten: Liebe und Harmonie, aber auch alle weiblichen Themen an sich (weibliche Kraft, Zyklus, Schwangerschaft, Kinderwunsch, Wechseljahre, die Rose eignet sich für alle Stationen im Frauenleben)

Süßholzwurzel: Liebeszauber und um die sexuelle Energie zu stärken (sie ist ideal, um langjährigen Beziehungen wieder mehr Feuer zu verleihen)

Sternanis: Wohlstand, Negatives vertreiben

Vetiverwurzel: Geldmagie, Erdung, Schutzzauber

Weißdornblüten: Schutzzauber, Glück und Segen, um Naturgeister und Feen zu rufen

Nun brauchst du nur noch eine Lampenform und etwas Baumwolle. Es gibt vorbereitete Butterlämpchen im Handel und sogenannte Ghee Wicks, das sind Baumwollstückchen, die speziell für Butterlämpchen als Dochte angeboten werden. Es geht aber auch einfach: Nimm ein metallisches Gefäß für die Butterlampe, das möglichst einen kleinen Schnabel haben sollte, auf dem der Docht Platz findet und von wo aus er ein bisschen überhängen darf. Man kann so ein Lämpchen sogar aus den zurechtgebogenen Hüllen kleiner und großer Teelichte bauen. Magie hat nichts mit deinem Budget, sondern nur etwas mit deiner Kreativität zu tun.

Als Docht kannst du normale Lampendochte oder ein wenig reine Baumwollwatte verwenden, die du entsprechend in Form bringst. Mit ein bisschen Übung hat man den Dreh schnell heraus. Fülle das Schmalz oder Öl in deine Lampe und gib Symbole für einen Wunsch hinzu, das können kleine Wunschzettelchen, ein Stein, eine Münze, ein bestimmtes Pflanzenstück, ein ätherisches Öl (gering dosieren), Sandelholzpulver oder ein anderer Kräuterpuder, ein kleiner Schmuckanhänger oder eine Perle aus einem Bastelladen und vieles mehr sein. Deiner Kreativität sind keine Grenzen gesetzt. Wenn du unsicher bist, bitte deine geistigen Verbündeten dich (in einem bestimmten Zeitraum) zu den richtigen Dingen zu führen.

Du kannst statt einem auch mehrere Dochte verwenden und so eine symbolische Anzahl von Flämmchen entzünden, wenn du die Lampe anmachst. Im Grunde ist das System den bekannten Glaskerzen nicht unähnlich, aber es ist umweltfreundlicher (die Zutaten müssen nicht um die halbe Welt geschifft und anschließend weitertransportiert werden), kreativer und preiswerter. Zudem weißt du, dass nur natürliche Zutaten verwendet werden und woraus dein Lämpchen wirklich besteht. Wenn dir diese

Form zu arbeiten gefällt, ist die Anschaffung richtiger Butterlämpchen eine Überlegung wert. Die füllst du dann einfach immer wieder neu und ganz nach Wunsch.

Drogeriemagie

Hin und wieder werde ich mehr oder weniger durch die Blume gefragt, ob man für seine magische Arbeit auch ganz normale Kerzen, Teelichte oder Dekorationen aus der Drogerie, einem Geschenkeladen oder zum Beispiel aus Bastelshops verwenden darf. Ja, warum denn nicht? In der magischen Welt gilt nicht, dass teurer besser wäre. Dort geht es darum, ob du etwas mit Liebe und Gefühl tust. Denn dann kann ein vermeintlich winziger Zauber mit einem Teelicht genauso gut wirken wie ein großer Ritualaufbau, für den du ein halbes Monatsgehalt ausgibst. Wer mag, kann gern Spezialkerzen oder fertige Öle benutzen, sie können eine schöne Bereicherung sein. Aber sie sind nicht die Voraussetzung, um magisch aktiv zu werden. Das gilt auch für Anfänger, denn mit der Angst von Neulingen davor, etwas falsch zu machen, werden nicht unerhebliche Summen verdient. Es geht mir darum, dass du erkennst, dass wir die freie Wahl haben.

Man muss magische Fertigprodukte nicht verteufeln. Oft sind sie auch eine Frage der Mentalität. Für Kunden und Kursteilnehmer, die beispielweise südamerikanische Wurzeln haben (dort ist es recht verbreitet, magische Produkte fertig zu kaufen, und es gibt richtige »Hexenmärkte«), ist es nichts Ungewöhnliches, sich Öle, Puder und Kräutermischungen gleich fertig mit nach Hause zu nehmen.

Bei uns ist das für viele nicht der Weg, sie machen lieber alles selbst, um genau zu wissen, was drin ist. Wobei bei manchen auch genau die umgekehrte Psychologie wirkt. Mir hat mal eine Frau erzählt, dass sie hin und wieder bewusst Fertigprodukte verwendet, weil sie dann *nicht* weiß, was drin ist, was für sie das Geheimnisvolle erhöht, wodurch die Zauber besser wirken. So unterschiedlich kann das sein.

In Drogerien und ähnlichen Läden bekommst du gute Zutaten für Rituale, zum Beispiel Kerzen im Glas. Magische Glaskerzen kannst du und dazu noch völlig individuell daraus selbst machen, indem du diese Gläser mit Bildern beklebst, sie beschriftest oder zum Beispiel mit Acrylfarbe bemalst, um deinen Wunsch auszudrücken. Vielleicht wird es nicht so perfekt, wie du es von dir erwartest, aber die guten Geister werden be-geist-ert sein über dein Engagement und die persönliche Note, die du hineingibst. Deiner Kreativität sind keine Grenzen gesetzt, alles im Haushalt kann magisch genutzt werden, fühle dich frei, zu experimentieren und deinen Blickwinkel zu verändern.

Mittlerweile haben viele Drogerien auch eine Auswahl ätherischer Öle, aus der du schöpfen kannst. In der Bio-Ecke findest du Körner und andere interessante Opfergaben. Hübsch bedruckte Papiertischtücher, zum Beispiel mit Jahreszeit-Motiven, helfen nicht nur, stimmungsvolle Rituale zu gestalten, sondern ersparen dir auch noch das mühsame Auswaschen von Wachsflecken aus Altartüchern.

In Drogerien und Geschenkeläden, aber auch in Restposten- und Bastelläden findet man die erstaunlichsten Dinge, um Magie zu gestalten. Kerzen in ausgefallenen Formen, bunte Bänder, Bast, Stoffblumen, hübsche Schalen für Opfergaben, Kerzenständer, Dekokristalle und vieles mehr. Warum sollte man das nicht mit einbeziehen?

Wenn man sich einmal umschaut in der Welt, dann arbeiten Schamanen und andere magische Praktiker in den meisten Regionen mit ganz normalen Gegenständen – wie zum Beispiel mit Plastikflaschen, in denen sie das Wasser für ein Reinigungsritual zum Ritualplatz transportieren, oder mit Kräutern vom Straßenrand. Wir haben oft so ein Bild im Kopf, als müsste das Magische erst einmal irgendwo im entsprechenden Fachhandel gekauft werden, aber so ist das nicht.

Weltlicher Reichtum ist keine Voraussetzung für »richtige« Magie. Es ist schön, Rituale üppig zu gestalten, wenn die Mittel dafür da sind und es einem so gefällt, aber es ist kein Muss. Wichtiger sind konzentrierte Vorbereitung und Liebe zu dem, was man tut. Will man ohne das nötige Kleingeld üppig arbeiten (diese Variante gibt es schließlich auch), kann man die spirituelle Welt darum bitten, dass einem das nötige Geld für die Gestaltung des Rituals zukommt. Warum nicht? So viele Leute bitten um Geld für ein noch dickeres Auto oder Ähnliches, da ist die Bitte um Geld für das gewünschte Feiern der Kräfte zwischen Himmel und Erde ja wohl kein Problem.

Wir haben unsere Spiritualität nicht aus der dogmatischen Ecke befreit, um gleich die nächsten Gräben auszuheben und neue Mauern zu errichten. Wozu die Flucht vor der Realität in die angeblich edleren Zeiten einer verklärten Vergangenheit? Wir leben heute und hier, also muss es unsere Magie auch tun, wenn sie etwas taugen soll.

Lebendigkeit ist auch hier das Schlüsselwort. Das Leben ist nicht einfach, aber es ist ein Geschenk, und wir können wieder lernen, es zu feiern, richtig lebendig zu feiern – die guten wie die schlechten Seiten zu würdigen, es mit Ritualen und Zaubern zu begleiten, zu bestärken und um Balance zu bitten, wo sie abhandengekommen ist.

Rituale für drinnen

Hier findest du Rituale und Techniken, die du in der Wohnung – oder auch am Arbeitsplatz – ausführen kannst. Ein praktisches Einmaleins für Stadthexen.

Ein paar Grundlagen

Beginnen möchte ich mit ein paar Grundsätzen, die hilfreich sein können. Sie gelten auch für die Rituale draußen, die im nächsten Kapitel Thema sind. Es gibt im Hexentum keine Vorschriften. Aber es gibt natürlich Erfahrungen und warum sollte jeder erst das Rad neu erfinden müssen, wenn er auf bereits Bewährtes bauen kann.

Keine Extreme

Bevor du loslegst ist es wichtig, in dich hineinzulauschen, ob ein Ritual wirklich nötig ist. Was du selbst schaffst, das mach auch selbst. Rituale sind eine gute Unterstützung, aber keine spirituelle Hängematte.

Es gibt da zwei Extreme: Die einen wollen jede noch so kleine Kleinigkeit magisch aus dem Weg schaffen, obwohl sie so manche Situation bedeutend schneller und leichter zum Beispiel mit einem Anruf klären könnten. Vielleicht kennst du auch solche Leute, sie sind ständig mit Ritualen und Zaubern beschäftigt, und man fragt sich, wann sie eigentlich mal leben.

Das andere Extrem ist schwerer zu erkennen: Diese Leute befassen sich zwar mit Magie, denken aber, sie wären es nicht wert, sie wirklich für sich zu nutzen. Auch wenn sie in schwierigen Situationen stecken, die nun wirklich Unterstützung von oben gebrauchen könnten, sagen sie beim Gedanken an Magie als Erstes: »Meinst du wirklich?« So nach dem Motto: »Ist es denn wirklich schlimm genug dafür?«

Diese Frage ist berechtigt, und es ist immer gut, lieber einmal zu viel als einmal zu wenig nachzudenken, aber grundsätzlich ist Magie dafür da, Dinge ins Gleichgewicht zu bringen. Wenn man sich in einer Schieflage befindet, spricht nichts dagegen, all sein magisches Wissen und Können auch zu nutzen!

Nicht zu viel auf einmal

Mach nicht zu demselben Thema mehrere Rituale kurz hintereinander, sondern gib ihnen Zeit zu wirken. Wer zu viel herumzaubert, verhält sich nicht viel anders als ein Mensch, der einem gut hörenden Gegenüber seine Sätze entgegenbrüllt, anstatt sich normal zu unterhalten. Die Geister, Götter, Energien – wie immer du es nennst –

werden nicht erfreut sein, wenn du ihnen nicht zutraust, dein Ritual angemessen zu beantworten, sondern immer neue nachlegst. Man muss die Dinge auch mal laufen lassen.

Manche »stapeln« ein Ritual über das nächste. Das geht nicht gut. Es untergräbt auch das eigene Selbstvertrauen, wenn man immer noch mal nachschießt und dem Zauber keine Zeit gibt, sich zu entfalten.

Vertrauen ist wichtig

Zweifle nicht, nachdem du ein Ritual ausgeführt hast. Zerpflücke es nicht, lass deinen inneren Kritiker nicht über das herfallen, was du liebevoll gestaltet hast. Es gibt im Spirituellen zwei Sorten von Zweifel. Der eine ist gesund und sorgt dafür, dass du nicht abhebst, sondern immer wieder abklopfst, was zu dir passt, dich mit Leben erfüllt und inspiriert und was zur leeren Hülle geworden ist, dir keine Kraft mehr spendet und nun besser abgestreift wird. Ganz so einfach, wie es sich jetzt liest, ist das in der Praxis natürlich nicht. Es kann hin und wieder auch in echte Sinnkrisen führen. Trotzdem sind diese Wege Initiationen in eine neue Kraft, die einem mit der Zeit zuwachsen wird. Diese erste Form von Zweifel ist kein Zeichen von Schwäche und bedeutet auch nicht, dass man nicht wüsste, was man will. Sie zeigt vielmehr, dass es einem ernst ist und wird jedem wirklichen Suchenden immer wieder begegnen.

Die zweite Art Zweifel ist jedoch ungesund, er nagt an allem, was du tust, und behindert dich darin, in deiner

Kraft zu wachsen. Wo der gesunde Zweifel die Quelle neuen Wachstums ist, ist dieser hier das ganze Gegenteil und bremst dich lediglich aus. Man kann ihn nicht einfach abschalten, aber man kann ihm immer wieder sagen: »Warte es erst mal ab, das weißt du doch alles noch gar nicht.« So ist es schließlich auch, es ist nur das sprichwörtliche Gackern über ungelegten Eiern, so lange man noch nicht mit Gewissheit sagen kann, was das Ergebnis ist.

Probieren geht über Studieren

Wenn dieser Satz irgendwo gilt, dann in der Magie. Habe den Mut, deine eigenen Rituale, Rezepturen, magischen Techniken und so weiter zu erfinden, auszuprobieren und bei Gefallen in dein persönliches, spirituelles Repertoire aufzunehmen. Es ist mir bewusst, dass ich diesen Satz öfter mal wiederhole, aber ich weiß aus vielen Gesprächen und Zuschriften, wie wichtig es ist, anderen immer wieder Mut für ihren eigenen Weg zu machen.

Solange sich manche zu Autoritäten aufschwingen oder als Gurus über andere zu bestimmen meinen, fällt es vielen »normalen« Menschen schwer, sich eigene Wege zuzutrauen. Vergiss nicht, dass der Glanz, der diese gefeierten Stars der spirituellen Szene umgibt, oftmals nur die bewundernde Energie ihrer Anhänger ist. Wer mit der Kraft und Bewunderung anderer aufgepumpt ist, dem fällt es leicht zu glänzen. Das ist keine Kunst. Lass dich von so etwas nicht blenden.

Niemand hat dir vorzuschreiben, was »wirkliche« Magie ist. Niemand kann bestimmen, was für dich »richtig«

ist oder was eine »echte Hexe« ist. Vor ein paar Jahren war das noch ein ganz großes Thema, manche werden sich daran erinnern: Bin ich eine echte Hexe? Wo bekomme ich die Erlaubnis, mich so zu nennen? Wie kann ich es beweisen? Überhaupt waren damals Definitionen manchmal fast wichtiger als Inhalte und vor allem im praktischen Alltag gelebte Magie. Aus diesen Kinderkrankheiten wächst das Hexentum nun so langsam heraus, es wird gelassener und selbstbewusster.

Wer heilt, hat recht – das ist die Quintessenz der Medizin. Auf die Magie übertragen bedeutet das: Wer sich einfühlen kann und Menschen oder Situationen in heilsamer Weise (ver)wandelt, ist auf dem richtigen Weg. Wie man das tut, entscheidet man selbst. Hierarchien sind ein menschliches Spielchen, keines der spirituellen Welten. Dort existiert alles auf allen Ebenen gleichzeitig, grenzenlos im besten Sinne. Jeder Mensch ist an genau dem Punkt seiner Entwicklung, an dem er sich nun einmal befindet. Wir können von anderen lernen, und sie können uns weiterbringen, aber schlussendlich geht jeder Mensch seinen eigenen Weg und trägt dafür die Verantwortung.

Magischer Hausputz

Damit wieder ganz direkt in die Stadt und in die Häuser dort, die Wohnhäuser, deine Wohnung. Eine Wohnung ist ein lebendiger Organismus. Man muss nicht erst in einem Spukhaus leben, um zu spüren, dass Stimmungen von Räumen wechseln können, dass sich bestimmte Ecken leichter als andere anfühlen, man an manchen Stellen nervös wird und einem andere Ruhe schenken.

Ich halte weder etwas davon, sich in so etwas hineinzusteigern, noch davon, es als Humbug zu betrachten. Die meisten Menschen verfügen über Erfahrungen mit Situationen, die »irgendwie komisch« waren oder sind, auch wenn die meisten mit kaum jemandem darüber sprechen. Denn man bekommt immer noch schnell zu hören, dass es unsinnig sei, »an Geister zu glauben«. Dabei glauben die Betroffenen es ja gar nicht, die meisten von ihnen sind noch nicht mal besonders spirituell. Sie *erfahren* es einfach und fragen sich dann, was da eigentlich los ist.

Von mir aus kann jeder darüber denken, was er möchte, mir liegt nur eines am Herzen: den Menschen zu helfen, die mit so etwas »Komischem« in Berührung sind und einen Umgang damit finden möchten.

Es gibt Wohnungen, die einfach unangenehm sind, egal wie schön sie eingerichtet und gestaltet wurden. Während der Besichtigung nimmt es kaum jemand wahr, aber nach dem Einzug, wenn die letzten Kisten ausgeräumt sind und man sich langsam heimisch fühlen sollte, wird es einem eher unheimlich zumute. Ich werde in solchen Fällen manchmal nach »Austreibungen« dieser negativen Energien gefragt, aber ich bin keine Freundin davon. Die Wesen oder Energien, die für diese unguten Stimmungen verantwortlich sind, fühlen sich selbst nicht wohl auf der Ebene, auf der sie gerade sind. Sie zu verjagen, irgendwo hineinzubannen oder zu verschrecken ist aus meiner Sicht problematisch.

Besser ist es, sie zum Licht zu schicken, damit sie ihren Frieden finden. So ist allen Seiten geholfen, und auch problematische Energien verschwinden auf diese Weise meist schnell. Unsere Vorfahren kannten diese Phänomene auch schon und räucherten gern mit typischen Lichtpflanzen, wie Alant, Angelika oder Johanniskraut, um den »armen Seelen« den Weg ins Licht zu erleichtern. Genau das könntest du bei Bedarf auch tun – und weiteren Anregungen für den magischen Hausputz folgen.

Es ist übrigens auffällig, dass besonders viele Spukphänomene oder unheimliche Begebenheiten in Wohnungen und Häusern um die Weihnachtszeit herum auftreten. Wenn die Nächte am längsten sind, die Dunkelheit am größten, werden wohl auch unsere nicht sichtbaren Mitbewohner am muntersten, und man bemerkt sie eher. Viele solche Energien sind völlig friedlich, die meisten interessieren sich nicht einmal für uns.

Wer wirklich das Bedürfnis hat, etwas loszuwerden oder einfach einmal wieder für frischen Wind in der Wohnung sorgen möchte, dem lege ich die folgenden Rezepturen und Rituale ans Herz. Es sind ja nicht nur unangenehm wirkende Spirits, die sich in einer Wohnung breitmachen können, wir alle sind tagtäglich von zahllosen Energien umgeben, die wir auch in unsere Wohnung tragen und ab und zu dann auch mal wieder »wegputzen« sollten. Zur Hexe gehört nicht ohne Grund ein Besen! Die Reinigung unseres engsten Umfeldes (das lässt sich auch für den Arbeitsplatz abwandeln und anwenden, dort verbringt man ebenfalls viele Stunden am Tag) sorgt nicht nur für unsere physische, sondern auch für die seelische und spirituelle Gesundheit.

Putzen bedeutet im magischen Sinne auch nicht nur Reinigung, sondern zudem die Verbindung mit der Energie des eigenen Raumes. Viele Frauen kennen das Phänomen, dass sie vor ihren Tagen einen regelrechten Putzfimmel entwickeln, die Wohnung ausmisten oder auch mal spontan Möbel umstellen. Sie schaffen sich auf diese Weise unbewusst ein wohliges Nest für eine besondere Zeit im Monat, in der sie Rückzug und Wärme brauchen.

Bodenpflege und der Kontakt zur Erde

In vielen spirituellen Wegen wird dem Boden besondere Aufmerksamkeit geschenkt. Man stellt die Kerzen zum Beispiel nicht auf einen Altar, sondern auf den Boden (in Wohnräumen ist das beispielsweise mit Steinplatten wie solchen aus Schiefer möglich). Morgens wird rituell Wasser auf den Boden gegossen, oft in Form von kleinen Kreuzen, um die Ahnen um ihren Segen zu bitten.

Der Boden ist ein starkes Symbol für die Kräfte von Mutter Natur. Sie ist es, die neues Leben sprießen lässt, die uns nährt und trägt. Sie ist es aber auch, die die Verstorbenen aufnimmt und damit die Welt der Ahnen umfasst.

Die Vertreter der alten Traditionen mussten und müssen – so wie auch wir Hexen – Wege finden, das alte Wissen in die heutige Zeit zu übersetzen. Leben bedeutet Wandel, und Magie und Spiritualität haben sich immer wieder neu erfinden müssen, das ist kein Phänomen unserer Zeit. Auch in der Antike gab es hektische und quirlige Großstädte. Allerdings hatten sie den Vorteil, dass es dort Tempel gab, also Orte, an denen Menschen mit einer – aus heutiger Sicht – alternativen und naturverbundenen Spiritualität diese auch leben konnten. Nicht zu vergessen natürlich den »Tempel« Wald, der für unsere hiesigen Vorfahren besonders wichtig war.

Heute sind viele, die diese Wege beschreiten, »Einzelkämpfer«, was sicher auch daran liegt, dass die alten Wege erst seit relativ kurzer Zeit (wieder) vielen zugänglich sind. Wer weiß, in zweihundert Jahren gibt es vielleicht wieder »heidnische« Tempel oder Kapellen, in denen gestresste Großstädter sich besinnen und zurück in die innere Mitte finden können. Nicht als Alternative zur freien Natur (das wäre wohl auch kaum im Sinne des Erfinders), sondern als spirituelle Häfen in der Großstadt. In den USA und auch in England, wo gelebte Glaubensfreiheit eine größere Rolle spielt als bei uns, gibt es so etwas bereits an manchen Orten.

Doch zurück zu uns und der Verbindung zur Erde. Was zum Beispiel tun, wenn man im fünften Stock wohnt? Ist ein Fußboden in dieser Höhe noch Boden im eigentlichen Sinne? Natürlich nicht – und dann doch wieder auf seine ganz eigene Weise, denn man läuft auf ihm, er trägt einen, und da es keine frei schwebenden Häuser gibt, ist man natürlich auch in luftiger Wohnhöhe mit der Erde verbunden.

Putzessenzen

Kommen wir also zu den Rezepten. Man kann auf ganz verschiedene Weise magische Reinigungsmittel zubereiten. Die einfachste Methode ist es, in das Putzwasser ein paar wenige Tropfen ätherisches Öl zu geben, um dem Wasser die nötigen »Vibrations« mitzugeben. Solche magischen Putzwässer eignen sich für die Pflege von Oberflächen und natürlich auch als Wischwasser.

Achte darauf, wenig zu benutzen. Öle wie Lemongrass greifen Oberflächen aus Kunststoff an. Verdünne sie gut mit einem Reiniger, sodass sie sich gleichmäßig im Wasser verteilen. Du kannst die ätherischen Öle auch in 96-prozentigem Alkohol lösen, um sie zu verdünnen, wenn dir das lieber ist.

Wenn es stärker um die Reinigung als um das energetische Aufladen der Wohnung geht, sind magische Kräutersalze und Essige die erste Wahl. Wer die Wohnung hingegen mit Leben füllen möchte, wird bei den magischen Gebräuen, die man auf dem Herd zubereitet, fündig werden. Für jede der Möglichkeiten habe ich Rezepturen zusammengestellt. Fühl dich aber auch frei zu experimentieren und vor allem deine eigenen Lieblingspflanzen mit einzubeziehen!

Die folgenden Ölmischungen sind für einen mit etwa sieben Litern Wasser gefüllten Eimer gedacht und werden dem Putzwasser beigegeben. Sie beeinträchtigen meiner Erfahrung nach keine Oberfläche, aber es kann nicht schaden, das erst einmal an einer unauffälligen Stelle zu prüfen, damit nichts schiefgeht.

Wenn dir ein ätherisches Öl fehlt, du aber die Frucht oder das Kraut zu Hause hast (zum Beispiel einen Rosmarin- oder Basilikumzweig, ein Lavendelsträußchen oder etwas Orangenschale), dann verwende sie, indem du sie in größeren Stücken einfach mit in das Putzwasser gibst. Sie tragen genauso die Schwingungen der Pflanze in sich wie das ätherische Öl, und ich halte nichts von einer Magie, die nur funktioniert, wenn man dafür extra einkaufen geht. Natürlich ist es eine ganz eigene Freude, in einem Laden seltene Zutaten zu entdecken oder eine lange gesuchte Essenz endlich zu finden. Aber im Alltag muss Magie flexibel genug sein, um sich in das ganz normale Leben zu integrieren. Sie ist kein Luxusgut, das nur Menschen, die mit Zeit und Geld gesegnet sind, zur Verfügung steht.

Wie bei allen Rezepten gilt auch hier: Achte darauf, dass du sie magst. Wenn du einen Duft oder eine Duftmischung nicht magst, dann passt sie auch nicht zu dir. Man kann den Eindruck eines Duftes nicht durch den vernünftigen Gedanken, dass er aber zu diesem und jenem Thema passen würde, überstimmen.

Jemand, der zum Beispiel frische, klare Düfte bevorzugt, wird mit einem schweren, orientalischen Duft nicht glücklich werden. Das sieht man auch gut am Patchouliöl. Es gibt einige, die lieben seinen holzigen Duft. Andere nehmen ihn kaum wahr und wieder anderen dreht es den Magen um. Zwischen »Sinnlichkeit pur« und »riecht wie verbrennende Autoreifen« liegen da die Meinungen. Das ist genau wie beim Parfum: Man kann es sich nicht schönreden.

Auf der anderen Seite kann es in Einzelfällen bei bannenden Düften genau das Richtige sein, wenn man sie nicht mag, denn diese Düfte sollen nicht einladen, sondern verabschieden und sind daher naturgemäß nicht besonders angenehm.

Normale Reinigung
1 Tropfen Lavendelöl
1 Tropfen Rosmarinöl
1 Tropfen Minzöl

Neue Energie für ein schönes Wochenende
1 Tropfen Orangenöl
1 Tropfen Grapefruitöl
1 Tropfen Rosmarinöl

Liebe erwecken
1 Tropfen Orangenöl
1 Tropfen Basilikumöl
1 Tropfen Zimtöl

Harmonie
1 Tropfen Geranium

Good Money
1 Tropfen Vetiveröl
1 Tropfen Bergamotteöl
1 Tropfen Patchouli (wenn es dir zusagt, sonst einfach
2 Tropfen Vetiver verwenden)

Stärke, Ungutes bannen
3 Tropfen Basilikumöl (im Zweifel ist Basilikum ein wunderbarer Allrounder, der immer zum Einsatz kommen kann)

Unerwünschte Gäste möglichst schnell wieder loswerden

1 Tropfen Kalmus
3 Tropfen Zitrone

Magische Salze

Salz ist als reinigend und bannend bekannt. Wenn wir mit magischen Salzen arbeiten, geht es also um mittelschwere Fälle, wie eine kleine Pechsträhne oder bestimmte Dinge, die gerade ungünstig zusammentreffen in unserem Leben. Es ist noch nicht akut, aber man sollte bereits etwas tun, damit der Sache von vornherein der Wind aus den Segeln genommen wird: Eine magische Reinigung mit Salz ist angebracht. Wieder gibst du die Zutaten ins Putzwasser.

Reinigung, um (be)drückende Negativität loszuwerden

1 Esslöffel reines Meersalz
1 Tropfen Angelikaöl
1 Prise pulverisierter Beifuß

Frische Energie

1 Esslöffel reines Meersalz
3 Tropfen Minzöl
1 Chilischote, die im Putzwasser schwimmen darf

Positiver Kick

1 Esslöffel reines Meersalz

3 Tropfen Zitrusöl (Orange, Mandarine, Zitrone ...)

Oder du legst die Schalen von Zitrusfrüchten vorher in ein Päckchen Salz ein, sodass dein eigenes Duftsalz entsteht

Zentrierung, einen Fokus finden

1 Esslöffel reines Meersalz

1 Teelöffel Kölnisch Wasser oder

2 Tropfen Lavendelöl und 1 Tropfen Salbeiöl

Nach schwerem Streit

1 Esslöffel reines Meersalz

3 Tropfen Lavendel

1 Tropfen Lorbeer

Bei Krankheiten, um die Energie in der Wohnung leicht zu halten

1 Esslöffel reines Meersalz

3 Tropfen Kamille

1 Tropfen Mandarine

Magische Essige

Magische Essige sind etwas für schwierigere Situationen. Im akuten Fall kannst du die angegebenen Zutaten im Essig kurz aufkochen, ihn dann zugedeckt durchziehen lassen, bis er abgekühlt ist, dann die Zutaten abseihen und ihn im Putzwasser verwenden. Nimm so viel Essig, dass die Zutaten beim Kochen davon bedeckt sind, es kann auch mehr sein, wenn du gleich einen kleinen Vorrat machen willst. Mengenangaben sind da immer etwas schwierig, weil die meisten Kräuterhexen aus dem Handgelenk arbeiten, also nach Gefühl.

Wenn du mehr Zeit hast, lasse die Rezeptur in Ruhe zwei bis drei Wochen in einem guten Apfelessig durchziehen und seihe sie dann ab, bevor du den Essig verwendest. Kennzeichne magische Essige gut beziehungsweise fülle sie in besondere Flaschen ab, damit es nicht zu Verwechslungen kommt. Die Zutaten sind auf eine handelsübliche Flasche Essig gerechnet (etwas weniger als ein Liter, damit noch genügend Platz für die Kräuter darin ist).

Universalessig
3 Zweige frischer Rosmarin
Schale einer halben Zitrone
1 Lorbeerblatt

Schutz vor negativen Mitmenschen
3 getrocknete Chilischoten
9 Kaffeebohnen
3 Distelblätter
1 Esslöffel Beifuß

Zum Wegschicken negativer Wesenheiten
1 Esslöffel getrocknete Angelikawurzel
1 Esslöffel Wermut
2 Esslöffel Johanniskraut

Nach einer Crashsituation, um wieder auf die Beine zu kommen und das Zuhause zu segnen
1 Esslöffel Lavendelblüten
1 Esslöffel Veilchenwurzel
1 Esslöffel Königskerzenblatt

Gebräue

Magische Gebräue werden etwa fünfzehn Minuten ausgekocht. Man nimmt von den Kräutern etwa eine Kaffeetasse voll auf zwei Liter Wasser. Du kannst das also entsprechend hoch- oder runterrechnen, je nach der Menge, die du machen willst.

Die folgende Liste hilft dir dabei, die richtigen Verbündeten für deine Zwecke zu finden, wobei du nach Herzenslust weitere (Lieblings-)pflanzen mit einbeziehen kannst, es sind nur erste Vorschläge. Die hier angegebenen Zutaten lassen sich in den meisten Küchenregalen finden, wenn du zusätzlich Stadtpflanzen mit einbeziehen möchtest, schau weiter hinten im Stadtpflanzenlexikon nach.

Verwende etwa drei Esslöffel des jeweiligen Gebräus auf einen Putzeimer, übrig gebliebene Mengen kann man zum Beispiel einfrieren, sodass du für die nächste Putzaktion gleich etwas da hast.

Eine kleine Faustformel noch an dieser Stelle: Verwende immer eine ungerade Zahl an Kräutern und nie mehr als neun auf einmal, sonst wird es zu viel und alles tönt durcheinander. Außerdem sollten magische Mischungen immer eine harmonische »Marschrichtung« haben, das bedeutet:

entweder anziehend oder bannend, nicht beides auf einmal. Man kann nicht gleichzeitig in zwei Richtungen gehen.

Wenn du erst etwas bannen und danach deine Wohnung positiv aufladen willst, dann arbeite zuerst mit einer bannenden Mischung, lass anschließend alles gut trocknen und warte ein paar Stunden oder über Nacht und dann putze noch einmal mit einer anziehenden Mischung durch. So praktisch »zwei in eins« auch wäre, hier macht man am besten jeden Schritt für sich, damit die Energie klar bleibt und sich nicht verheddert.

Und hier die möglichen Zutaten und die zugehörigen Themen:

Eisenkraut: Kommunikation, Liebe, Frieden

Fenchel: positive Energien wachrufen; sorgt für innere Klarheit

Getreidekörner: wenn dir das Wasser finanziell bis zum Hals steht; um deinen Unterhalt zu sichern

Honig: versüßt das Leben; mehr Lebensfreude; für all die guten Dinge, die das Leben erst lebenswert machen

Kaffee: gibt Energie; beschleunigt magische Vorhaben

Kardamom: Liebe, Erotik, Sinnlichkeit

Kokosflocken: Reinigung und geistiger Frieden

Kürbiskerne: Wohlstand, Geldmagie, Fruchtbarkeit

Knoblauchschalen: wenn man sich schwach und entmutigt fühlt; hilft gegen negative Wesenheiten; starke Reinigung

Lorbeer: für Erfolg und siegreiches Gelingen, Geldmagie

Minze: neue Energie; alten Ballast verabschieden

Petersilie: starke Wirkung gegen Negatives, vor allem wenn es sich nicht offen zeigt

Salbei: starke, reinigende Kraft; baut auf und hilft, das Wesentliche vom Unwesentlichen zu trennen

Thymian: macht Mut für Neues; hilft, Ziele wirklich umzusetzen

Wacholder: Verbindung zu den Vorfahren; Schutz; ruft alte Kräfte

Zitrusfrüchte: positive Kraft, gute Laune, Spaß und Lebensfreude

Zwiebel: Schutz; starke, magische Pflanze

Eine Reinigungszeremonie, um grundlegend Klarschiff zu machen

Wenn du eine neue Wohnung beziehst oder das Gefühl hast, dass dein Lebensraum eine grundlegende Reinigung benötigt, dann ist die folgende etwas größere Zeremonie ein bewährter Ansatz, um alten Ballast loszuwerden. Du benötigst etwa eine Woche Vorlauf, je nachdem, wie viel Zeit du hast und was alles noch zu besorgen ist.

Für die Zeremonie wird ein selbst gemachter Besen benötigt. Er muss nicht riesig sein, sollte aber mindestens die Länge deines Unterarmes haben. Den Stock des Besens fertigst du aus einem Buchenzweig, seine Borsten werden aus Birkenreisig gebunden. Wenn du eine besondere Beziehung zu einem anderen Baum als der Buche hast, kannst du einen Ast dieses Baumes benutzen. Die Buche ist die klassische Variante, aber wenn bereits Baumfreundschaften bestehen, warum sollte man sie dann nicht einbinden?

Für die Zeremonie benötigst du: den Besen, Putzutensilien, Gin, Meersalz, für jedes Fenster eine weiße Kerze oder ein Teelicht und genügend weiße Blumen, um in jedem Raum deiner Wohnung ein paar davon aufzustellen.

Als Erstes wird die Wohnung komplett geputzt, wobei du in das Putzwasser eine kleine Prise Salz gibst. Bringe anschließend den gesamten Müll raus, sodass kein Papierkorb und kein Mülleimer mehr gefüllt ist. Wenn du damit fertig bist, trinke erst einmal eine Tasse Tee zum Entspannen.

Verstreue nun in jeder Ecke deiner Wohnung einen Esslöffel Meersalz. Gehe dabei im Uhrzeigersinn und fange neben der Eingangstür an. Dann gib auf einen Suppenteller oder eine Schale einen großen Schluck Gin. Nun kommt der Besen zum Einsatz, er wird wie ein reinigender Wedel benutzt, indem du an jeder der Ecken den Besen in den Gin tauchst, abtropfen lässt und dann die Ecke von oben nach unten zum Salz hin behutsam damit abklopfst.

Wenn du auf diese Weise eine Runde durch die ganze Wohnung gedreht hast, fegst du das Salz entgegen dem Uhrzeigersinn auf und bringst es direkt aus dem Haus in den Müll oder spülst es die Toilette hinunter. Wer einen Staubsauger benutzen möchte, wirft anschließend den Beutel weg.

Stelle jetzt in jedem Fenster der Wohnung eine weiße Kerze oder ein Teelicht auf und in jedes Zimmer eine Vase mit weißen Blumen. Lass die Kerzen etwa fünf Minuten lang brennen (pass gut auf, dass sie sicher stehen, da du nicht in allen Räumen gleichzeitig sein kannst) und bringe sie dann in das Herz deiner Wohnung, was meistens entweder die Küche oder das Wohnzimmer ist. Lass sie dort herunterbrennen, das kannst du auch in mehreren Etappen tun.

Ein Hinweis für Rituale in der Wohnung

Wenn man Rituale in der Wohnung vollzieht, sollte man das nach Möglichkeit bei offenen Fenstern tun, um die Wohnung dadurch symbolisch mit dem großen Ganzen zu verbinden. Natürlich ist das nicht immer machbar. Wenn draußen minus zehn Grad sind, wird man die Fenster vermutlich geschlossen lassen und auch, wenn man sich in einem Ritual mal richtig was von der Seele reden will, müssen die Nachbarn das nicht durchs geöffnete Fenster mitbekommen. In diesem Fall kann man auch hinterher einfach kurz durchlüften.

Der Grundgedanke dahinter ist, dass die Energie nicht im Raum stehen bleiben soll, sondern sie soll weiterfließen und sich in das universelle Geflecht der Energien »einspeisen« können. Bei Ritualen im Freien ist das automatisch gegeben, in der Wohnung muss man diese Verbindung erst herstellen.

Wohnungsdekoration unter magischen Aspekten

Ich kenne eine ganze Reihe von Frauen, die für ihr Leben gern das Heim dekorieren, auch noch die kleinste Ecke ausgestalten und ihrem ganz persönlichen Wohntrend immer auf der Spur sind. Wenn das keine Magie ist! Unser Zuhause ist der Ort, an dem wir Kraft tanken, unser geschützter Raum. Und natürlich beeinflusst uns die Gestaltung dieser Wohnung mindestens ebenso stark wie zum Beispiel die Kleidung, die wir wählen. Im Grunde genommen ist eine Wohnung das größte Kleidungsstück, das wir haben. Wenn wir nun einmal von dem grobstofflichen Gebilde namens Haus oder Wohnung weggehen, sehen wir es als energetische Struktur. Jeder von uns, der zum ersten Mal in die Wohnung anderer Menschen kommt, kann sofort sagen, ob er sich dort eher wohl oder unwohl fühlt. Jede Wohnung hat ihre ganz eigene Ausstrahlung, und der Stil, sie zu bewohnen, sagt viel über unser Leben aus. Umgekehrt funktioniert das aber auch, das heißt: Verändern wir die Wohnung, verändern wir auch unser Leben.

Man muss nur durch die Geschäfte gehen, da gibt es rund um das Jahr die passenden Dekorationen, sei es zu Weihnachten, Silvester, Fasching, Ostern, Sommer, Herbstbeginn, Halloween ... Wir leben noch immer mit dem Jahresrad, auch wenn vielen die spirituelle Komponente davon gar nicht bewusst ist. Die Mutter, die mit ihren Kindern zusammen einen tollen Halloweenspaß ausheckt; die Großmutter, die ihre Ostereier mit Häschenbildern beklebt; eine Studentin, die einen Sommerkranz an der Tür aufhängt, oder eine Frau, die in ihrem Büro vor Weihnachten eine Schneekugel auf ihren Schreibtisch stellt – sie alle feiern die Feste des Jahres auf ihre Weise.

Natürlich kann man eine Wohnung nicht nur den Energien und Farben der Jahreszeiten entsprechend dekorieren.

Fast alle Menschen besitzen verschiedene Altäre in ihrem Heim, ohne sich darüber bewusst zu sein. Die Ecke mit den Familienfotos im Wohnzimmer; die Muscheln und der Sand vom letzten Urlaub im Bad; ein Platz, wo ein paar Steine liegen; Krimskramsschüsselchen, in denen sich Lippenstift, Tempos, ein paar Münzen und Büroklammern finden ... so etwas hat eigentlich jeder daheim.

Zudem führt jede Wohnung auch noch ein Eigenleben. An bestimmten Stellen stapeln sich die Zeitschriften, obwohl direkt daneben eine Ablage wäre. Es bilden sich Ecken für dieses und jenes, ohne dass wir wirklich sagen könnten, warum all die Sachen ausgerechnet dort stranden. Hin und wieder finden auch »Wanderungen« statt, ab dann liegen die Zeitschriften plötzlich gewohnheitsmäßig an einer anderen Stelle und stapeln sich eben dort.

Wer bewusst in diese Dinge eingreift und zum Beispiel eine neue Farbe, einen kleinen Altar oder ein besonderes Bild (es gibt noch viele weitere Möglichkeiten, aber die kennst du ja aus dem täglichen Leben) dem Energiegeflecht seiner Wohnung hinzufügt, kann es verändern und gestalten. Wohnungen sind lebendige Organismen, weshalb sich viele Menschen intuitiv von völlig perfekten, kühl durchgestylten Wohnungen eher abgestoßen als angezogen fühlen. Wenn wir bewusst leben, uns unseren Wünschen und Zielen gemäß einbringen und die Wohnung gleichzeitig noch genügend atmen lassen, kann auch die Einrichtung ganz bestimmten Spirits und Stimmungen das Einziehen versüßen, die unser Leben beflügeln.

Die Seele der Dinge

Ähnlich den Masken, über die wir schon gesprochen haben, haben auch alle anderen Dinge in unserer Wohnung, in der Straße, im Viertel und in der Stadt, in der wir leben, eine Seele. Sie alle haben ihre eigene Schwingung, ihren Gesang, und es ist gut, wenn man sich wenigstens in der eigenen Wohnung umschaut, was sich da so alles versammelt hat. Eine Flut der Dinge umgibt uns und summt auf energetischer Ebene vor sich hin, überall um uns herum.

Es ist wichtig, immer wieder auszumisten, damit die Energie nicht ins Stocken kommt – in der Wohnung wie im Leben. Denn manchmal übernehmen die Dinge die Macht. Im Extremfall bedeutet das ein Dasein als Messie, nichts kann weggeworfen werden, die Dinge sind der Chef.

Klopfe bei der Gelegenheit auch einmal dein Kaufverhalten ab: Hast du einen Markenfetisch? Marken sind magisch äußerst interessant und bestätigen zudem meine These, dass die meisten Magier heutzutage in der Werbebranche und in den Medien sitzen, von wo aus sie die Stimmungen und Bedürfnisse der Menschen lenken. Von mir aus braucht sich niemand den Spaß verderben zu lassen, aber zumindest können wir einmal darüber nachdenken, wie sich ganz bestimmte Geister in unseren Köpfen festgesetzt haben, die in den Hochglanzmagazinen mit wunderschönen Bildern immer wieder beschworen werden – wenn das keine Magie ist!

Jede Sache, die uns umgibt, hat eine Geschichte, stammt vielleicht aus fernen Gebieten oder hat Seewege beschritten, um zu uns zu kommen. All dies ist noch mit dem

Gegenstand verbunden, wenn er zu uns kommt, um bei uns zu wohnen.

Im Folgenden möchte ich dir noch ein paar praktische Rituale vorstellen, zuvor aber noch ein wenig zur Theorie beziehungsweise der Herangehensweise. Für viele ist das ein wichtiger Punkt, der darüber entscheidet, ob sie wirklich aktiv werden. Das ist kein Wunder, es gibt so viele Bücher und Anleitungen, die Rituale als etwas darstellen, das man streng nach Rezept ausführen muss und bei dem niemals Fehler oder auch nur Abweichungen passieren dürfen.

Darüber habe ich auch schon in anderen Büchern geschrieben, aber nach wie vor erreichen mich viele Zuschriften von Leuten, die sich nicht an Rituale herantrauen, aus Angst vor Fehlern oder die (vermeintlich) einen Fehler gemacht haben und nun befürchten, dass ihnen alles auf die Füße fallen würde. Es ist also immer noch ein wichtiges Thema.

Rituale, ihre Formen und der wahre Wille

Wie wichtig sind eigentlich große Rituale, feste Strukturen, lange Texte? Warum ist die ländliche Magie oftmals so kurz und knapp mit ihren Zauberritualen? Und was ist die beste Form, um wirklich zu wirken? Um das zu erklären, muss ich ein wenig ausholen in der Geschichte der Magie. Denn die Magie der heutigen Hexen stammt nicht nur von Dorfheilern und Kräuterweiblein ab. Die meisten der heutigen Traditionen und Praktiken beruhen letztlich auf zeremonialmagischen Überlieferungen, die sich auf

Vereinigungen wie den Golden Dawn, die Rosenkreuzer oder den Ordo Templi Orientis (in dem beispielsweise Wiccabegründer Gerald Gardner zeitweise Mitglied war) zurückführen lassen.

Aus dieser Zeit stammen auch noch die langen Zeremonien und Ritualformeln. Das heutige Hexentum speist sich aus dieser Quelle ebenso wie der Kräuterfrauen-Tradition, so unterschiedlich sie manchmal auch sein mögen, und das führt hin und wieder zu Verwirrung, welcher Weg denn nun der richtige ist. Zudem gibt es tatsächlich eine Tendenz zur Verwässerung der Magie. Ein Freund von mir bezeichnet das treffend als »Gebrauchsesoterik«: Ich will XY, dafür gebe ich dieses und jenes, und das war's dann auch schon mit der spirituellen Suche. Aber wo bleiben die Leidenschaft für die Magie und das Spirituelle? Magie ist eine Sache der Einstellung, und genau diese nimmt die geistige Welt sehr feinfühlig wahr.

Macht man zum Beispiel ein kleines Ritual, weil man es kurz und bündig liebt und sich so am besten fokussieren kann, dann wird das sicherlich seinen Gang gehen. Macht man es aber nur, um Zeit zu sparen oder weil man zu faul ist, die nötigen Zutaten zu besorgen, dann sieht das schon etwas anders aus.

Umgekehrt gibt es einige, die es lieben, Anrufungen zu schreiben, Rituale auszuschmücken und feste Zeremonien zu gestalten. Wir haben unendlich viele Möglichkeiten. Man kann Magie genauso gut ins Essen kochen, wie man sie auf einer einsamen Waldlichtung in klassischer Ritualrobe beschwören kann. Der entscheidende Punkt ist, dass es von Herzen kommt und dass du in dem

Moment, wo du das Ritual ausführst, mit dir in Übereinstimmung bist.

Genau diese Übereinstimmung mit sich selbst wird in der Magie oft als der wahre Wille bezeichnet. Er hat nichts mit »Ich will dies, ich will das ...« zu tun, er ist eher so etwas wie die Bestimmung eines Menschen. Nicht immer will man auch gleich, was einem bestimmt ist, und oft erkennt man es lange nicht. Der alltägliche Wille (das Ego) bringt einen sogar oft von dem ab, was der wahre Wille mit einem vorhat.

Dieses Konzept des Willens gibt es in vielen Kulturen, es basiert auf der Grundannahme, dass jeder auf seine Weise etwas zur Gemeinschaft beizutragen hat. Jeder hat Talente, Dinge, in denen er wirklich gut ist, und auch seine eigene Art, wie er am liebsten arbeitet. Es wird also niemals funktionieren, alle über einen Kamm zu scheren, erst Vielfältigkeit macht das Dasein lebendig.

Dabei kann es nicht schaden, beständig den Horizont zu erweitern und sich auf ganz verschiedenen Wegen zu erproben. Denn nur durch das Tun kann man spüren und erleben, was stimmig für einen ist. Das ist ein Weg, der Ehrlichkeit mit sich selbst, Neugier, Wissensdurst und Experimentierfreude erfordert. Das Ritual, um darauf zurückzukommen, ist dann ab einem gewissen Punkt nur noch die Form für die Energie, und man kann aus zahlreichen Möglichkeiten, sie zu erwecken und zu lenken, wählen. Es gibt also keinen Weg, der besser wäre als der andere. Es gibt nur Wege, die für manche besser sind als für andere. Behalte das vielleicht auch im Hinterkopf, wenn es jetzt um weitere Rituale für drinnen geht.

Baderituale

Magisch zu baden reinigt nicht nur den Körper, sondern auch die Seele und den Geist. In unseren Breiten ging man früher, wenn man es sich leisten konnte, eine Zeit lang zum Bader oder zur Baderin aufs Land, sobald der Frühling kam, um neue Kräfte für das kommende Jahr zu wecken und den Winter aus den Knochen zu vertreiben. Aber auch in anderen Kulturen wird viel gebadet, um sich spirituell wie seelisch zu reinigen.

In der Stadt spielt die spirituelle Reinigung eine besonders wichtige Rolle. Man kann das sogar auf die Faustformel bringen: Je größer die Stadt, desto mehr schwirrt darin herum und desto mehr fremde Einflüsse gibt es. Die müssen natürlich nicht alle schlecht sein, ganz im Gegenteil, aber allein schon, dass es so viel ist, was da herumschwirrt, stellt unser spirituelles Immunsystem vor eine Herausforderung.

Ich komme zum Beispiel aus Leipzig, das hat über eine halbe Million Einwohner, ist also nicht gerade eine Kleinstadt. Aber wenn ich ein paar Tage im deutlich größeren Berlin war, dann bin ich erst mal reizüberflutet und freue mich auf das vergleichsweise kleine, kuschelige Leipzig. Wenn ich jedoch im Urlaub auf einer ruhigen Insel war, reibe ich mir wieder zu Hause in Leipzig manchmal die Augen und frage mich: War hier schon immer so viel los?

Was ich damit sagen will, ist: Oft merkt man erst durch den Vergleich, was einen jeden Tag umgibt. Viele Großstadtbewohner sind sich gar nicht so bewusst, dass die Stadt – bei all ihren schönen Seiten – auch an ihnen knabbert. Andere spirituelle Traditionen, wie zum Beispiel die afroamerikanischen Wege, gehen sehr bewusst mit herumgeisternden Energien um. Dort sind spirituelle Bäder sehr beliebt, auch um den Stress des Tages und die Einflüsse der Umgebung zu neutralisieren.

Im magischen Bad tauchen wir ein in die harmonisierende Kraft der Kräuter, jede Pore wird gereinigt, die Aura wird sozusagen einmal ausgespült und frisch gemacht.

In den folgenden Rezepturen geht es vor allem um hiesige Pflanzen, die man in der Stadt pflücken oder im Kräuterhandel des Vertrauens kaufen kann. Ich habe aber auch noch ein paar weitere, besonders bewährte Bäderzutaten aufgenommen. Man kocht die Pflanzen in einem großen Topf etwa eine viertel Stunde bei nicht zu starker Hitze aus, bevor sie dem Badewasser zugegeben werden. Eine weiße Kerze am Wannenrand ist in vielen Traditionen üblich und auf jeden Fall eine gute Idee.

Es ist wichtig, das Bad zuvor gründlich zu reinigen und hinterher die Badewanne zumindest kurz durchzuspülen, damit keine ungebetene Energie daran festklebt. Nach einem magischen Bad sollte man frische Kleidung anziehen und auch beim Abtrocknen ein unbenutztes Handtuch nehmen. Alle Zeichen sollten auf frisch und neu stehen.

Die Menge der Kräuter kannst du variieren, zwei Hände voll sind eine gute Ausgangsmenge, aber wer empfindliche Haut hat und es erst einmal mit weniger probieren möchte, der kann das gern tun. Wobei Kräuterbäder der Haut sehr guttun können, man muss es wie immer individuell ausprobieren.

Schachtelhalm

Der Schachtelhalm ist eine ritterliche, feste Pflanze von klarem Wuchs und zielgerichteter Energie. Wenn du dich nicht geerdet fühlst, dich ambivalente Gefühle, Albträume oder diffuse Ahnungen bedrücken, dann bade in Schachtelhalm und trinke zudem eine Tasse Tee davon.

Schachtelhalm ist eine Pflanze, die wie kaum eine andere die Emotionen klärt und einem Boden unter die Füße gibt. Manchmal zeigen auch Beschwerden der Nieren und der Blase, dass der Schachtelhalm nötig ist. Ganz nebenbei macht er durch reichlich Kieselerde, die in ihm enthalten ist, eine wunderschöne Haut und entschlackt den Körper.

Der beste Wochentag für dieses Bad ist der Samstag, um die überlaufenden Wasser der Seele durch die begrenzende Kraft des Saturns in die richtigen Bahnen zu lenken.

Birke

Birkenbäder sind für jede Form des Neuanfangs im Leben geeignet. Wenn es dir irgend möglich ist, pflücke die Birkenblätter frisch vom Baum und genieße dieses Bad, wann immer du einen neuen Lebensabschnitt beginnst, den Beginn des Frühlings feierst oder anfängst, dich mit einem wichtigen Vorhaben zu beschäftigen. Dieses Bad erfrischt und verleiht dir neuen Elan. Der beste Tag dafür ist ein Montag oder Sonntag.

Eichenrinde

Bäder mit Eichenrinde stärken deine eigene »Rinde«, nicht nur die Haut, sondern auch die Aura. Wenn du nicht weißt, wie man Baumrinden fachmännisch sammelt, kaufe sie im Kräuterhandel, da man beim falschen Sammeln einem Baum Schaden zufügen kann.

Eichenbäder, in die du auch ihre Blätter mit einbeziehen kannst, haben den Siegfried-Effekt: Man fühlt sich wie von einer schützenden Schicht überzogen, die unverletzbar gegen Angriffe von außen macht. Vor wichtigen Gesprächen oder Situationen, vor denen man Angst hat, ist ein solches Bad eine großartige Unterstützung. Es hilft auch, finanzielle Hindernisse leichter zu überwinden, und es hilft dem Glück auf die Sprünge. Der beste Tag für so ein Bad ist der Donnerstag.

Lindenblüten

Das Baden in Lindenblüten ist fantastisch für die Liebe, egal ob du es vor einem Date oder mitten im schlimmsten Liebeskummer machst. Die Linde hat eine sehr tröstende, mütterliche Venusenergie, sie wirkt einhüllend und beschützend, nimmt Traurigkeit und heilt das Herz. Sie hilft, Liebe und Freundschaften anzuziehen, und kann einsame Menschen unterstützen, sich der Außenwelt zu öffnen. Wenn es möglich ist, pflücke die frischen Blüten und gibt sie, ohne sie zu kochen, direkt in dein Badewasser. Das kannst du immer zur Lindenblütenzeit machen, um dir für das Jahr gute Beziehungen zu liebevollen Menschen zu sichern. Der beste Tag für dieses Bad ist der Freitag.

Natronbad

Natron bekommt man in jeder Drogerie, es war (und ist) ein beliebter Helfer im Haushalt und fürs Wohlbefinden. Gegen negative Einflüsse, Stress und generell in schwierigen Phasen ist es auch als spirituelles Bad sehr beliebt, in unseren Breiten aber kaum bekannt.

Dafür gibt man einfach ein Tütchen Natron auf eine Badewanne und badet ohne weitere Zusätze darin. Die Wirkung ist meist schon ab dem ersten Bad fühlbar, es empfiehlt sich aber, in hartnäckigeren Fällen mehrmals zu baden, zum Beispiel an drei oder sieben aufeinanderfolgenden Tagen. Oft haben mir Ratsuchende, denen ich dieses Bad empfohlen habe, auch von einer Linderung bestehender Hautprobleme als unerwartetem und schönem Nebeneffekt berichtet.

Natron kann übrigens auch als Deodorant verwendet werden, es ist ungiftig: Dazu wird einfach ein wenig Natron auf die feuchten Hände und dann unter die Achseln gegeben. Es ist sogar essbar, bei Sodbrennen und Magendrücken wird es bis heute innerlich angewendet.

Eukalyptus

Der Eukalyptus ist nicht heimisch, aber dieses Bad ist zu bewährt, als dass ich es außen vor lassen möchte. Es dient vor allem dazu, diffuse Hektik und Stress loszuwerden, die man nicht direkt einer Ursache zuordnen kann.

Dazu gibt man zwei Tropfen Eukalyptusöl auf einen Esslöffel neutrales Duschbad (unparfümiert, wie man es in Bioläden bekommt) und badet damit. Wobei man beim

Eukalyptus natürlich auch auf fertige Badezusätze, wie man sie gegen Erkältungen in der Drogerie findet, zurückgreifen kann. Dann ist nur wichtig, dass sie wirklich Eukalyptusöl enthalten (das ist im Normalfall auch so), und dass Eukalyptus die einzige Kräuterzutat ist, damit er konzentriert seine Arbeit machen kann und nicht mit anderen Kräutern durcheinanderklingt.

Frische Energie durch Nacktbaden

Eine der schönsten Reinigungszeremonien ist ganz sicher das nackte Baden in Seen, Flüssen und dem Meer. Nichts kommt auch nur annähernd an die vereinte reinigende Wirkung eines freien Gewässers, der Sonnen- oder Mondstrahlen und des Windes auf der Haut heran.

Suche dir dafür einen geschützten Platz oder einen FKK-Bereich an einem See oder am Meer und nimm jemanden mit, wenn es dir allein unangenehm ist. Es ist erstaunlich, wie weit mittlerweile der ganz normale menschliche Körper sexualisiert wird, in Situationen, die gar nichts mit Sex zu tun haben. Da werden stillende Mütter in der Öffentlichkeit angegriffen, und man traut sich nicht einmal mehr, nackt in geschützten Bereichen an die Sonne zu gehen. Dabei ist es eine zutiefst heilsame Erfahrung, auch und gerade für uns moderne Stadtmenschen, die wir überall mit Bildern perfekt retouchierter Körper konfrontiert werden und so die Realität menschlichen, körperlichen Seins verlernen. Denn eines kannst du mir glauben: Spätestens wenn drei ältere Damen nur mit einem Sonnenhut bekleidet lachend ihren Kaffee an dir vorbeitragen, erkennst du die entspannte Normalität des echten Lebens und die Liebe zum Wunderwerk Körper! Dieses Bad kann man an jedem Wochentag nehmen, solange es nur warm genug ist.

Liebesrituale und wirkliche Harmonie

Das Thema Liebeszauber ist und bleibt ein Evergreen der praktischen Magie. Es braucht viel Fingerspitzengefühl, denn zur Liebe gehören immer zwei, und die können ganz unterschiedliche Ansichten haben. Vieles machen wir uns auch unnötig schwer. Wenn es um die Liebe geht, schweben Harmonie und Perfektion wie Damoklesschwerter über vielen Köpfen. Ist meine Beziehung gut genug? Unternehmen wir genug? Bin ich attraktiv genug für ihn oder sie? Bei einer Hexe kann man offen reden, und daher weiß ich, das die meisten von uns dieselben Ängste und Sehnsüchte haben, nicht selten sind sie von den Medien geschürt, oft sogar erst von ihnen erfunden worden. Haben wir oft genug Sex? Diese Frage ist ein gutes Beispiel für die Irreführung, die da stattfindet. Sie lautet nicht: Haben wir Freude daran? Sie lautet: Wie oft? Da sollen also Zahlen auf den Tisch und keine Gefühle.

Und so kommt man nicht einfach geschafft von der Arbeit nach Hause und lässt sich erst einmal fallen, nein, plötzlich hat man auch noch ein privates Problem dazubekommen: Man muss im Bett auf irgendeinen Standard kommen, der erfahrungsgemäß ohnehin nicht stimmt. Woher kommen denn die ganzen Statistiken? Ich habe

Soziologie studiert, und dort lernt man gleich im ersten Semester: Bei allen Befragungen rund um heikle und persönliche Themen antworten die Befragten oft nicht der Wahrheit entsprechend, sondern mit dem Wert, den sie als guten Durchschnitt vermuten. Ganz abgesehen davon kosten Studien viel Geld, und wer das ausgibt, verspricht sich meist auch etwas davon.

Doch es muss ja nicht nur der Sex, auch die Liebe muss optimal sein. Häufig laufen im Fernsehen Spots von Partnervermittlungen, die mit der Aussage: »Klar habe ich Ansprüche ...!«, beginnen.

Wenn mir jemand erzählt, dass er oder sie eine absolut harmonische Beziehung hat und sie sich nie streiten, dann werde ich misstrauisch, zumindest wenn die Beziehung bereits länger als drei bis sechs Monate, also über die erste Phase der Verliebtheit hinaus, besteht. Denn dann stimmt etwas nicht. Harmonie ist etwas Tolles, aber sie kann leicht zur erstickenden Decke werden, die das Feuer einer Beziehung erdrückt. Konflikte werden nicht gespürt, sondern in dunkle Ecken geschoben, in denen sie weiterköcheln.

Es sind fast immer Beziehungen vom Typ Harmonie, die plötzlich von einem Tag auf den anderen auseinandergehen, was im Freundeskreis für Kopfschütteln sorgt, schließlich war das doch das vorbildliche Traumpaar. Sich nicht zu streiten bedeutet in einer gewissen Weise eben auch, nicht mehr an der Beziehung teilzunehmen. Man lebt nur noch in der gemeinsamen Schnittmenge beider Persönlichkeiten. Aber was ist mit dem Rest? Gerade Frauen haben oft die Tendenz, mit dem Partner völlig verschmelzen zu wollen – zu einem Einheitsbrei, zum großen »Wir«. Geraume Zeit später hört man dann bittere Worte über seine Neue, die ja so eine Kratzbürste ist (aha, sie bleibt also sie selbst und hat Ecken und Kanten), wo man ihm doch alles gegeben hat! Alles ist eben immer zu viel, dann behält man für sich selbst nichts mehr.

Manchmal bekomme ich Anfragen für zwingende Liebeszauber, und oft ist der Grundtenor dahinter: Ich muss ihn wiederhaben, ich habe ihm doch alles gegeben, und er hat mich mitgenommen, als er gegangen ist. Es geht also eigentlich gar nicht darum, den Mann zurückzubekommen, sondern sich selbst. Genau damit befasst sich der erste Zauber dieser kleinen Auswahl, denn das ist ein häufiges Thema, und vielen ist nicht einmal bewusst, was sich da abspielt.

Ein Ritual, um sich selbst zurückzuholen

In manchen Beziehungen gibt eine Seite die ganze Zeit über mehr als die andere. Wenn es dann zur Trennung kommt, wollen viele den Mann oder die Frau unbedingt zurückhaben. Auf einer unterschwelligen Ebene geht es dabei oft gar nicht um die Person an sich, denn meist gibt es in solchen asymmetrischen Beziehungen gute Gründe, sich zu trennen, und man weiß, dass der oder die andere sich nicht ändern wird. Was man wirklich zurückhaben will, ist das, was man in der Beziehung von sich selbst weggegeben hat.

Für diesen Zauber brauchst du:

- ätherisches Kampferöl
- zwei Äste (für einen Mann von einer Eiche, für eine Frau von einer Linde, gleichgeschlechtlich Liebende verwenden zwei Eichen- oder Lindenäste, generell kann man in jedem Fall auch Haselnuss für beide nehmen; wenn sich das nicht organisieren lässt, gehen auch zwei Äste von einem anderen starken, gesunden Baum)
- schwarzes und weißes Band (aus natürlichem Material, vom Faden bis zur Wolle ist alles möglich)
- einen weißen Stift oder weiße Farbe und einen Pinsel
- eine Schere

Am besten führst du diesen Zauber an einem Freitagnachmittag aus, sodass du ihn in der Abenddämmerung draußen beenden kannst, aber natürlich geht auch jeder andere Tag, wenn es sich nicht anders einrichten lässt. Es wäre nur gut, wenn du die Abenddämmerung nutzen kannst. Aber der Reihe nach:

Nimm zuerst die beiden Äste und schreib mit der weißen Farbe deinen Namen auf den Ast, der deinem Geschlecht entspricht, und den Namen des oder der Ex auf den anderen Ast. Verdrehe das weiße und das schwarze Band zu einer Kordel und knote sie oben an den beiden Ästen fest, die du damit umwickelst und die Kordel anschließend unten ebenfalls zusammenknotest. Die beiden Äste bilden nun ein Bündel.

Tropfe nun etwas Kampferöl auf die beiden Äste und lass es einziehen. Kampfer löst die Verbindung zwischen euch und bereinigt sie. Mach dieses Ritual in Ruhe und in einer meditativen Stimmung, damit es auch innerlich ankommt und nicht nur äußerlich vollzogen wird.

Geh dann in der Abenddämmerung zu einem Fluss oder einem kleineren fließenden Gewässer und schneide mit der Schere die Bänder durch. Wirf das Band in den Fluss und den Stab für den oder die Ex hinterher. Er oder sie ist jetzt wieder im Fluss des Lebens, du lässt die Vergangenheit los. Nimm deinen eigenen Stab mit nach Hause und bewahre ihn noch etwas auf.

Nicht selten meldet sich der oder die Verflossene nämlich ein bis zwei Wochen nach so einem Ritual aus heiterem Himmel. Unterschwellig spüren viele, dass die energetischen Bande gelöst wurden, und manchem ist das gar nicht so recht. Sollte das passieren, bestärkt dich dein eigener Stab in dieser Zeit, dir selbst treu zu bleiben. Wenn du das Gefühl hast, ihn nicht mehr zu benötigen, und die Sache innerlich abgeschlossen ist, bring deinen Stab in die Natur und vergrabe ihn unter einem schönen, starken Baum. Opfere noch etwas Honig über der Stelle, für süße Liebe in der Zukunft.

Ein Liebesritual für Singles

Wenn du eine neue Liebe magisch in dein Leben locken möchtest, findest du zahlreiche Zauber, die romantische Kerzenmagie ist besonders beliebt dafür. Daher möchte ich hier bewusst einmal einen anderen Zauber vorstellen. Er arbeitet mit einem Baum als Mittelpunkt, da spielt natürlich das alte Bild vom Lebensbaum hinein, und du knüpfst mit seiner Hilfe im wahrsten Sinne des Wortes etwas Neues – eine neue Liebe nämlich – in dein Leben.

Für dieses Ritual brauchst du:

- sieben pinkfarbene Bänder (aus natürlichem Material)
- ein blumiges ätherisches Öl, wie Palmarosa, Rose, Geranium oder Ylang Ylang
- eine Birke im Freien

Idealer Zeitpunkt für diesen Zauber ist ein Freitagmorgen in der Dämmerung, der Sonntagmorgen ist aber auch wunderbar geeignet. Setz dich zu Hause meditativ hin und wünsche dir eine gute, neue Liebe, sprich deine Wünsche laut aus. Leg nicht zu viele Details im Voraus fest, wichtiger ist, dass es dann einfach gut passt.

Nimm nun die sieben pinkfarbenen Bänder und beträufele sie mit dem ätherischen Öl. Verpacke sie gut (sonst duftet deine Tasche noch Tage danach sehr intensiv) und dann geh zu einer Birke. Es ist wichtig, dass es ein schöner, gesunder Baum ist.

Knote die Bänder behutsam in ihre Äste und bitte sie, dir beim Finden einer wahren Liebe zu helfen. Geh danach heim, ohne dich noch einmal umzudrehen.

Ein Liebesritual für Unentschiedene

Ich weiß nicht, ob es durch die allgemeine Flexibilisierung des Alltags und der Arbeitswelt kommt, doch mittlerweile sind auch flexible Beziehungen ein festes Thema geworden. Damit sind Beziehungen gemeint, bei denen man irgendwie schon zusammen ist, aber so richtig bindend ist es dann doch nicht. Fast nach dem Motto: Wasch mich, aber mach mich nicht nass. Es ist nichts Halbes und nichts Ganzes.

Manche genießen die Freiheit dieses schwebenden Zustands, aber im Normalfall gilt das nur für einen der beiden, und der andere hofft im Stillen, dass doch noch etwas Richtiges daraus wird.

Der folgende Zauber hilft dabei, für Klarheit zu sorgen. Er kann in beide Richtungen wirken, je nachdem, was die Wahrheit zwischen zwei Menschen ist. Das muss man sich vorher bewusst machen. Wer lieber (noch) um jeden Preis hoffen will, sollte ihn nicht ausführen. Alles braucht seine Zeit, doch dieser Zauber ist für diejenigen gedacht, deren Ziel Klarheit ist und die nicht mehr ewig warten wollen auf ein Ziel, bei dem man nie anzukommen scheint.

Für dieses Ritual brauchst du:

- drei Kletten
- ätherisches Minzöl
- ein kleines Glas mit Deckel
- ein Sonnen- und ein Mondsymbol (zum Beispiel kleine Charm-Anhänger oder auf Papier gezeichnet)
- einen kleinen Bergkristall

Dieses Ritual beginnst du am besten zu Neumond (also Dunkelmond, wenn der Mond vollständig schwarz ist, manchmal wird die neue Sichel als Neumond bezeichnet, aber die ist hier nicht gemeint).

Die Klette ist eine alte Wahrheitspflanze, das wissen heute viele nicht mehr. Sie wurde gern verwendet, um die Wahrheit herauszufinden. In diesem Zauber sind es drei Kletten: Eine steht für dich, die andere für die Partnerin oder den Partner und die dritte ist die Hilfe von oben, die euch dabei begleiten soll, denn nicht alles im Leben kann oder muss man allein schaffen.

Fülle an Neumond die drei Kletten in das kleine Glas und beträufele sie mit Minzöl. Gib das Sonnen- und das Mondsymbol sowie den kleinen Bergkristall hinein und verschließe das Glas. Geh anschließend in dich und bitte aus ganzem Herzen um die Klärung eurer Beziehung. Danach stellst du das Glas an einen ungestörten Ort und lässt es dort einen Monat lang bis zum nächsten Neumond stehen.

Egal, was sich zwischen euch in der Zeit ergeben hat – ob die Klärung eingetreten ist oder nicht –, am folgenden Neumond gehst du hinaus in die Natur und legst den Inhalt des Glases unter einen starken, schönen Baum. Eine Linde wäre ideal, aber es geht auch jeder andere Baum. Falls du einen Baum mit Astloch findest, lege alles in das Astloch. Geh danach heim, ohne dich umzudrehen.

Es ist wichtig, diesen Zeitraum von einem Neumond zum anderen einzuhalten, unabhängig davon, ob sich schon alles geklärt hat oder nicht, damit der Zauber ordentlich ausgeführt wird und bestmöglich wirken kann.

3

Rituale für draußen

Stadtmagie ist so vielfältig, wie es die Bewohner einer Stadt sind. Wenn du beginnen willst, deine eigene Art davon zu entfalten, hier ein paar Anregungen.

Die eigene Stadt magisch erkunden

Wenn man die Wohnung oder das Haus als Ort, an dem Magie gewirkt wird, um den Raum einer ganzen Stadt erweitert, ist das anfangs eine ambivalente Geschichte. Denn plötzlich stehen wir nicht mehr nur in unserem, sondern in einem gemeinsamen Raum, den wir mit anderen Menschen teilen. Anfängliche Unsicherheiten inbegriffen.

Jetzt spürt man schnell, ob man sich Raum schaffen kann, oder ob es da noch Übungsbedarf gibt. Man spürt aber auch: Wir alle teilen uns den Platz hier. Nichts gehört einem wirklich allein, wenn man es einmal zu seiner Wurzel hin verfolgt. Alles ist nur geliehen. Wir teilen uns die Straße, das Viertel, die Stadt und im Endeffekt den ganzen Planeten miteinander.

Erstell deinen eigenen Stadtplan

Wenn man Stadtmagie betreibt ist es eine gute Idee, sich erst einmal einen Überblick zu verschaffen. Dazu besorgst du dir einen Stadtplan und beginnst, dir Gedanken zu machen. Der erste Anhaltspunkt sind die Stadtviertel. Wo wohnt welche Energie? Wo wohnen die Schönen und die Reichen, wo ist das Hippieviertel, wo sind die kritischen Wohngebiete und so weiter? Wo sitzen die wichtigsten Behörden? Wo landen Müll und Abwasser? Wo ist das Elektrizitätswerk? Gibt es einen Fluss, wo sind die Gärten und Parks? Alle Energien suchen sich ihren Platz in einer Stadt, und es ist wichtig für Rituale mit diesen Energien, dass du weißt, wo sie wohnen. Du kannst dir mit Aufklebern oder Ähnlichem Vermerke in deinen Stadtplan machen, sodass mit der Zeit deine magische Stadtkarte entsteht. Oft findet man zusätzliche interessante Details in Büchern über die historische Entwicklung einer Stadt sowie die Mythen und Sagen der Region.

Neben den offensichtlichen Einteilungen gibt es aber auch noch die persönlichen Dinge. Welche Plätze haben welche Bedeutung für dich? Welche Plätze geben dir Kraft? Wo ist es dir unheimlich? Welcher Ort lässt dich kalt, wo fühlst du dich aufgewühlt? Gibt es Orte, die dich regelrecht verschlucken? Wie spucken sie dich wieder aus? Wo fühlst du Inspiration und wo bist du gelangweilt? Welche Ecken interessieren dich nicht? Warum ist das so?

Und weil alle Theorie grau ist, schlage ich vor, dass du jetzt erst einmal deinen engsten Bereich erkundest: mit einem aufmerksamen Spaziergang um den Häuserblock. Welche Pflanzen, Bäume und Tiere entdeckst du? Gibt es besondere Geschäfte, einen besonderen Menschenschlag? Wie heißen die Straßen, und wer oder was verbirgt sich hinter den Namen?

Bei einem weiteren Spaziergang kannst fragen: Fließt ein Gewässer durch meine Gegend? Ist es hügelig oder eben? Gibt es Denkmäler und würden sie sich magisch einbeziehen lassen? Wie sind die Menschen dieses Viertels drauf? Mach dir deine Notizen und werte erst einmal gar nichts, denn wenn man die Dinge nicht in Schubladen ablegt, kann man sie sich besser anschauen. Lass dir Zeit mit deinen Erkundungen. Den magischen Blickwinkel entdeckt man aus der Ruhe, nicht aus einer erfolgsorientierten Grundstimmung heraus.

Schreine anlegen

Wenn du deine Umgebung erkundet hast, kannst du beginnen, kleine Stadtschreine anzulegen. Dabei ist deine Kreativität gefragt! Es kann ganz unscheinbar sein, wie zum Beispiel einen Kreis aus Steinen um einen Baum zu legen, oder deutlich sichtbar, wenn man bunte Stofftücher an einen bestimmten Ort hängt. Für den Anfang, wenn man vor allem eines fürchtet: die Blicke der Passanten, ist es am besten, auszukundschaften, wann der gewählte Platz am ruhigsten ist. Die frühen Morgenstunden am Wochenende sind oft ideal.

Erspüre den Platz einmal in dieser ruhigen Zeit. Ist alles stimmig? Umarmt er dich? Ist er unbeteiligt oder gar abweisend? Man braucht für diese Einschätzung kaum magisches Vorwissen, jeder Mensch spürt, ob ein Ort für ihn gut, neutral oder ungeeignet im aktuellen Moment ist. Es besteht kein Grund, sinnlich erfahrbare Dinge ständig ins Übersinnliche zu erheben, wir alle haben einen Instinkt, der uns so etwas mitteilt.

Wenn ihr gut zusammenpasst und der Ort einverstanden ist, dann richte ihn dir ein. Schreine anzulegen gibt dir eine feinfühlige Beziehung zur Stadt, zu ihrem Spirit. Wer macht so etwas schon in unseren Breiten? Oder liege ich da vielleicht falsch? Ist nicht jede schön gepflegte Rabatte ein floraler Schrein für die Stadtgeister? Sind Denkmäler etwas anderes als Orte, die das Hier und Heute mit der Anderswelt verbinden sollen (also mit der Person oder dem Ereignis, an die sie erinnern)? Sind prachtvolle Opernhäuser nicht Tempelgebäude für die Musen? Bibliotheken Orte der Inspiration? Glitzernde Auslagen der Tummelplatz aller Geister, die das Schöne lieben? Parks den Naturgeistern gewidmet?

Nur weil nicht jeder Schrein als solcher bezeichnet ist, kann man ihm nicht seine Kraft absprechen. Wenn wir einmal in diese Richtung weiterdenken, wird es noch interessanter, herauszufinden, wo sich welche Art von Spirit in einer Stadt niederlässt.

Dann macht es Sinn, vor der Auslage eines Luxusjuweliers zu stehen und die dort residierenden Geistwesen darum zu bitten, dir zu helfen, endlich mal ein bisschen mehr als nur das Nötigste zu haben. Es versteht sich von selbst, dass du ihnen zumindest ein wenig Glitzer als Anreiz bieten solltest. Vielleicht eine Packung Glitterpartikel, die du immer mal unauffällig auf den Weg zwischen dem Juweliergeschäft und deiner Wohnung streust, sodass die

Geister neugierig werden? Na, ein bisschen Kreativität ist schon gefragt.

Aber zurück zum Schrein. Gestalte ihn ganz nach deinem Belieben, aber so, dass du es verschmerzt, wenn ihn irgendjemand durcheinanderbringt. Es ist einfach so, dass ein solcher Ort die Menschen anlockt. Wenn du einen Stadtschrein schaffst, ist das ein energetischer Punkt, und der wird auch von deinen Mitmenschen erfühlt, selbst wenn sie nicht im Geringsten ahnen, warum. Manchmal sehe ich bei Spaziergängen Opfergaben an die guten Geister. Da steht plötzlich ein offenes Päckchen Erdbeeren fein säuberlich neben einer Kreuzung. Drei Eier liegen nebeneinander unbeschadet auf Betonboden oder eine Birne steht mit Kräutern umkränzt an der Ecke eines Gebäudes. Dann komme ich ins Träumen, wie es wäre, wenn wir richtige Straßenschreine hätten, ähnlich den asiatischen Ländern. In bayrischen Gefilden gibt es das noch in christlicher Version an ländlichen Wegen.

Ein paar Ideen, wie du beginnen kannst

Wenn du damit anfangen willst, starte erst einmal klein. In der Stadt haben wir hierzulande das Problem, dass jederzeit jemand vorbeikommen kann, der unseren liebevollen Aufbau mit einem »Was'n das für'n Mist?« beiseitefegt und alles zerstört. Das ist nicht schön, aber so ist es nun einmal, also müssen wir uns darauf einstellen.

✶ Es wäre wunderschön, wenn man hier und da kleine Göttinnenschreine aufstellen könnte, die auch Passanten, die gar nichts mit Spiritualität am Hut haben, ein kleines

Lächeln für den Tag entlocken. Vielleicht würde der ein oder andere, in einem unbeobachteten Moment, eben doch eine Blume dort ablegen oder einen Stein mit einer Bitte zu Füßen der Göttin legen. Solange das aber nicht der Fall ist, müssen wir uns anderweitig behelfen und erst einmal klein arbeiten. Und da die Stadt wie beschrieben allen gehört, kann ohnehin nicht einer allein ihr Gesicht nach seinen Wünschen verändern. Aber du kannst klein beginnen, dir »heilige« Plätze zu schaffen:

- Lege Steine auf einen kleinen Haufen oder einen größeren Stein an deiner gewählten Stelle ab.
- Gestalte aus Ästen, Blechbüchsen und hübschen Kleinigkeiten einen kleinen Wächter für deinen Ort und stelle ihn dort auf.
- Hänge Stoffstreifen in die Äste eines Baumes.
- Füttere die Geister öfter einmal an diesem Ort, zum Beispiel mit Räucherstäbchen oder etwas Parfum, das du hier versprühst, wenn Räucherstäbchen zu auffällig oder zu unsicher wären.
- Gieße Honig auf den Boden, versprühe Schnaps mit dem Mund oder gieße ihn auf die Erde, auch Eier sind gern gesehene Opfergaben, genauso wie Körner (Vogelfutter), Nüsse und Äpfel.
- Setze dich einfach an diesen Platz und mach gar nichts. Nicht immer entsteht Magie im Tun. Sich hinzusetzen, da zu sein und sich in Ruhe über das Gefühl mit einem Ort zu verbinden, ist nicht weniger magisch als irgendetwas anderes zu tun.
- Schau dich in Ethnoshops und Eineweltläden nach einer kleinen Kalimba, einer Minirassel, einer kleinen Klang-

schale, Zimbeln oder einer Trommel um. Es kann auch etwas anderes sein, das dir gut liegt, vielleicht möchtest du erst einmal ganz einfach mit Kieselsteinen in der Jackentasche klappern. Versuche eine Zeit lang, immer dasselbe Instrument zu benutzen, und tritt damit mit deinem Platz in Kontakt, mach bestimmte Klänge zu eurer Erkennungsmelodie. Du kannst natürlich auch ein Lied summen oder singen, am besten von einem deiner Lieblingskünstler, von mir aus sogar Schlager. Warum nicht? Der zentrale Punkt ist, dass es etwas mit dir zu tun haben muss. Verstelle dich nicht, um besonders »magisch« zu wirken, sei einfach du selbst, über alles andere amüsiert man sich auf der »anderen Seite« nur.

Flusszauber

Wenn ein Fluss oder Bach durch eure Stadt fließt, bist du ein Glückspilz! Flüsse sind magisch gesehen Sinnbilder der Lebensreise, fließen von einer Quelle bis zum Meer, wo sie mit dem Wasser anderer Gewässer verschmelzen und in einen neuen Zustand übergehen. Dabei besuchen sie zahlreiche Stationen, überwinden Hindernisse und finden immer wieder ihren Weg. Mit Flüssen zu zaubern ist eine bewegliche, leichte Angelegenheit. Sie transportieren Wünsche sehr schnell.

Hier ein paar Ideen, wie man ihre Energie einbinden kann:

- Schreibe deinen Wunsch auf das Blatt eines Baumes und wirf es ins Wasser.
- Entzünde Räucherstäbchen am Ufer und wirf Glasperlen, Schmuck oder schöne Steine als Geschenke in den

Fluss. Tue das auch ohne ein Anliegen dahinter, die Wassergeister sind bekannt dafür, dass sie schöne Dinge schätzen und eine verspielte Natur besitzen. Wer immer nur etwas haben will, erfährt nicht nur in den Sagen und Geschichten der Vergangenheit, dass sie auch eine grausame Seite zeigen können, wenn man sie nicht achtet.

- Füttere Enten und Fische mit altem Brot, auch so verbündet man sich mit den Spirits des Wassers.
- Binde Sträuße oder Kränze aus Wiesenblumen und wirf sie ins Wasser, opfere Blumen oder lass kleine Lichter schwimmen.
- Fasse das Wasser an, wenn du mit ihm kommunizierst, berühre die Oberfläche, tauche ein, spüre es wirklich und lass deine Magie nicht nur theoretisch oder im Kopf stattfinden.
- Fertige kleine, prächtige Papierboote an, die du einfach opferst oder mit Wünschen verbindest. Achte auf natürliche Materialien, beziehe Blätter, Blüten, umweltfreundliche Farben und Dekorationen mit ein.
- Lege Geschenke wie Früchte, Honig oder Getreidekörner unter Bäumen direkt am Wasser ab.

Fast jede Stadt mit einem Fluss hat Feste, die in seiner Nähe oder sogar zu seinen Ehren abgehalten werden, auch wenn sie nicht immer direkt so heißen. Bei uns in Leipzig gibt es das Wasserfest, unsere Nachbarstadt Halle hat das Laternenfest (bei dem zwar Laternen im Namen die Hauptrolle spielen, in der Praxis hat aber der Fluss, an und auf dem alles stattfindet, die Hauptrolle). Wenn dir bei einem Fest die Nähe zum Fluss auffällt, besuche es und amüsiere dich gut. Auch dies ist eine Form, die Energie eines Flusses zu ehren. Vieles ist schon da, auch wenn es keinen direkten Bezug zum Spirituellen hat oder die meisten Besucher eines Festes ihn nicht erkennen.

Schamanisch durch die Stadt – Visionsreisen einmal anders

Hin und wieder nehme ich mir einen Tag frei und fahre ohne ein bestimmtes Ziel durch die Stadt. Ein Fotoapparat sowie etwas zu schreiben kommt immer mit, damit mir kein wichtiger Moment verloren geht. Dazu etwas Kleines zu essen und eine Flasche Wasser, ich weiß ja nie, wohin es mich verschlägt, und manchmal verschluckt mich die Zeit, und es wird viel später, als ich dachte. Bei einer solchen Visionsreise ist es wichtig, kein Ziel zu haben, kein Ergebnis zu erhoffen (manchmal passiert auch einfach nichts, das ist kein Drama), sondern stattdessen die Sinne zu öffnen und neue Perspektiven zu finden.

Es gibt mittlerweile einen richtigen Tourismus für Visionsreisen und schamanische Erfahrungen, natürlich immer in traumhafte Landschaften eingebettet, und preiswert ist das Ganze auch nicht gerade. Hast du eigentlich schon einmal einen echten Schamanen auf eine solche Reise fahren sehen? Die hätten meist auch gar nicht das Geld dafür.

Es ist ein Missverständnis, wenn man denkt, dass Spiritualität nur an besonders schönen oder exotischen Orten funktioniert. Was soll heilsam an einer Spiritualität sein, die im Alltag keinen Halt gibt und nur in der Ferne erlebt werden kann? Wie verankert ist sie in uns selbst, wenn wir sie nicht in unserer wirklichen Lebensumgebung wiederfinden? In den Bäumen, Sträuchern und Pflanzen, die hier wachsen, im Nieselregen, in den Jahreszeiten und den Tieren, die hier leben.

Auch Magisches und Spirituelles wird mittlerweile touristisch erschlossen. Aber wir sind ja nicht das ganze Jahr im Urlaub, was macht man mit dem Rest der Zeit? Ich will das nicht verteufeln, eine Zeit der Ruhe und Abgeschiedenheit in einer tollen Umgebung kann sehr wertvoll sein, innere Türen öffnen und uns weiterbringen. Aber es muss eingebunden sein in das, was man das ganze Jahr über macht, sonst ist Frust vorprogrammiert.

Wahrsagen mit Sätzen und Liedern

Unsere Sinne filtern bei entsprechender Schulung auch aus ganz alltäglichen Dingen Botschaften für uns aus dem heraus, was uns umgibt. Das kann von einem Radiosong bis hin zu einer ganz banalen Werbebotschaft, einem Buchtitel, der irgendwie hängen bleibt, bis hin zu einem Satzfetzen den man im Vorbeigehen irgendwo hört, fast alles sein. Manche Menschen haben plötzliche Ohrwürmer im Sinn, die ihnen etwas über ihre aktuelle Situation verraten, anderen bleibt ein bestimmtes Bild hängen.

Es ist wichtig, dass man bei dieser Form zu orakeln nicht zu leicht zweifelt, denn unser Unterbewusstes reagiert nur auf Themen, die uns bewegen und die etwas mit uns zu tun haben. Beim Wahrsagen oder Orakeln – und Visionssuche gehört dazu – muss man sich manchmal auf Überraschungen gefasst machen. Wenn du gerade keine Antwort verträgst, solltest du nicht fragen. Wer an Orakelsitzungen gewöhnt ist, in denen immer alles irgendwie positiv ist, der sollte sich vor jeder Befragung erst einmal vor Augen halten, was alles in den Karten, der Intuition oder dem gewählten Weg, das Schicksal zu befragen, auftauchen könnte: immer Schönes wie Negatives.

In anderen Kulturen herrscht ein sehr großer Respekt vor dem Orakeln, man geht immer mit einem ambivalenten Gefühl in eine Befragung, weil man weiß, dass das Pendel in beide Richtungen ausschlagen kann. Es ist wichtig, dass man sich das vergegenwärtigt, bevor man sich ans Orakeln macht. Nur wenn man offen ist für das, was kommen will, selbst wenn es nicht schön ist, nur dann kann einem eine solche Befragung auch weiterhelfen.

Ahnenverehrung

Die Ahnen zu ehren ist in vielen Kulturen Teil der täglichen spirituellen Praxis. Auch uns kann es Halt und Sicherheit in einer sich immer schneller drehenden Welt geben, mit den Ahnen zu arbeiten. Sie zu ehren und mit ihnen zu kommunizieren, gibt uns Kraft und Rückendeckung für unser Leben. Gerade in der Stadt, wo sich viele etwas entwurzelt fühlen.

Das Heer der Geister

Diese Überschrift erinnert den ein oder anderen vielleicht an diesen einen Asterix-Film, in dem Asterix und Obelix nachts auf das Heer der Toten treffen. Auch wenn das ein Trickfilm ist, ist die Idee dahinter uralt. Es ist auch ein wichtiges Thema für Stadthexen und ein Thema, das es verdient hat, ohne Vorurteile besprochen zu werden. Denn auch wenn das Sterben kaum noch wahrnehmbar ist (wann hast du schon mal einen echten Toten gesehen?), in Heime und Krankenhäuser abgeschoben wird, so sterben in der Stadt natürlich zahlenmäßig mehr Menschen als auf dem Land.

Ich habe mich immer gewundert, warum es auf dem Land, wo es zahlenmäßig viel weniger Verstorbene gibt, häufiger Geschichten über Probleme mit ihnen zu geben scheint. Sind die Menschen dort sensibler, abergläubischer oder einfach bewusster? Oder hat das Thema Tod etwas mit dem Thema Religion zu tun? Ohne Glauben oder spirituelle Überzeugung gibt es vielleicht keine Wahrnehmung der Totengeister mehr.

Jede spirituelle Philosophie oder Glaubenslehre gibt eine eigene Antwort auf den Tod. Doch dahinter liegt noch eine ältere Schicht des Glaubens, denn bei den Toten ist in allen Kulturen der Welt auch etwas Vorsicht angebracht. Als Ahnen, wenn ihre Seele nach dem Übergang wieder zu sich selbst gefunden hat, werden sie verehrt, geschätzt und um Segen gebeten. Aber wehe, man stört sie zu früh. Oder sie wollen nicht gehen. In vielen Kulturen ist das als »Totenkrankheit« bekannt, und das gibt es auch bei uns noch. Wenn sich Verstorbene nicht lösen wollen und zum Beispiel in intensiven Träumen und Wahrnehmungen immer wieder die Hinterbliebenen heimsuchen, ist es Zeit, gesunde Grenzen zu ziehen.

Jede Kultur kennt ihre eigenen rituellen Handlungen, um für die Toten zu sorgen (in unserer sind es vor allem Blumenopfer, Grabstein und Grablichte), sie aber gleichzeitig auf Distanz zu halten. Viele traditionelle Grabpflanzen wurden bis ins 20. Jahrhundert hinein nicht nur wegen ihrer Optik, sondern wegen ihrer überlieferten Wirkung, die Toten in Frieden ruhen zu lassen, auf die Gräber gepflanzt. Das ist bis heute nicht unwichtig.

Manchmal meinen es Leute sehr gut und wollen all den armen Seelen helfen, aber das kann sie in Angelegenheiten verstricken, mit denen sie eigentlich gar nichts zu tun haben. Wenn du ganz allgemein etwas für die Seelen der Verstorbenen tun möchtest, setze kleine Lichtschiffchen auf einem Fluss aus. Nimm dazu ein stabiles Blatt oder fertige ein Schiffchen aus Papier oder Pappmaché an und setze darauf ein kleines Licht aus Bienenwachs, zünde es an und lass es losschwimmen. Du kannst auch im Gedenken Blumen ins Wasser werfen.

Aber zieh dir keinen Schuh an, der dir gar nicht passt. Für eine gute Trennung sorgt zum Beispiel, wenn du für deine eigenen Ahnen nur zu Hause arbeitest und für alle anderen Toten außerhalb wirkst. So holst du sie dir nicht nach Hause, wo sie dir bald zu viel werden könnten, wenn sie erst mal da sind.

Deine Ahnen

Ich schreibe oft über dieses Thema, weil es eine wichtige Quelle der Kraft ist. Gleichzeitig lebe auch ich in unserer Kultur, die das Thema meist auf Grabbesuche und ein Foto mit schwarzem Balken im Wohnzimmer beschränkt. Ich kenne all die Schwierigkeiten, die man am Anfang dabei hat, aus eigener Erfahrung. Dieses Gefühl, ins Nichts zu rufen, die Überraschung, wenn die erste deutliche und greifbare Antwort kommt, und natürlich die Konflikte und Ungereimtheiten, die jede Ahnenlinie mit sich bringt. Die aber eben auch das Menschliche reinbringen. Unsere Vorfahren waren keine perfekten Übermenschen, sie hatten wie wir an ihren Umständen zu knabbern. Diese Erkenntnis beruhigt auch, gerade in unserer perfektionistischen Umgebung: Sie waren Mensch, ich darf es auch sein. Man darf in der Ahnenarbeit nicht erwarten, auf Heilige zu treffen. Aber dafür verstehen die Ahnen umso besser, wenn uns der Schuh drückt und wir mal nicht weiterwissen. Sie wissen selbst, wie das ist.

Unser Fortschrittsglaube macht es uns manchmal schwer. Was sollen einem die Ahnen heute schon noch zu sagen haben? Wir sind doch schon viel weiter! Aber das ist ein Trugschluss. Wir mögen andere Techniken benutzen, aber haben wir deshalb keinen Liebeskummer mehr, keine Ängste, keine Unwägbarkeiten oder werden nie krank?

Als Kartenlegerin, die sich für die Geschichte und die unterschiedlichen kulturellen Traditionen des Orakelns interessiert, kann ich eines mit Sicherheit sagen: Die grundlegenden Themen von uns Menschen sind immer gleich. Egal wie der kulturelle Überbau ist (der natürlich einiges mit beeinflusst, keine Frage), die Sehnsüchte des Herzens, der Wunsch nach Sicherheit, Geborgenheit und Gesundheit – sie bewegen den Menschen genau wie alle anderen Wesen. Mag sich die äußere Umgebung auch noch so sehr verändern: Innen bleiben wir gleich. So klug und so unvernünftig, wie Menschen eben sind.

Manchmal ist da natürlich auch die Versuchung, sich mithilfe der Ahnen in eine schönere Zeit zu träumen, sie zu edleren Menschen zu erheben, die in einer besseren Vergangenheit noble Taten vollbrachten. Wir kennen das von den Rückführungen in frühere Leben, wenn sie schlecht gemacht werden. So viele Kleopatras oder diverse Könige kann es gar nicht gegeben haben. Dieses Denken entfremdet uns von den Ahnen.

Stattdessen sollten wir uns ganz konkret mit dem Thema auseinandersetzen und erst einmal einen Stammbaum zusammentragen, so gut wir ihn rekonstruieren können. Suche nach Namen und Lebensgeschichten. Welche Berufe hatten deine Vorfahren, aus welchen Gegenden kamen sie, welchen Wanderungen waren sie unterworfen? Was war gut und wo gab es Konflikte? Welche Dramen haben sich abgespielt, welches Glück gab es?

Finde so viel wie möglich heraus und notiere es dir. Du wirst manchmal staunen, wie viele Muster sich in deinem eigenen Leben wiederfinden lassen. Auch überraschende Dinge, bestimmte Kleinigkeiten, die auch du als Angewohnheit hast, oder Themen, die dich interessieren.

Ein Opa von mir konnte einem alles über die Mythologie, die alten Griechen und Römer erzählen. Als er in seinen späten Jahren eines meiner Bücher in den Händen hielt, mit all den Gottheiten, die darin erwähnt waren, meinte er anerkennend: »Ich verstehe zwar nichts von Magie und alledem, aber ich finde es toll, wie du das den Leuten beibringst.« »Seine« Gottheiten werden heute wieder lebendig verehrt. Das war ihm einerseits völlig fremd, und auf der anderen Seite fand er es wunderbar. Heute gehört er zu meinen Ahnen, und ich spüre immer noch seine Mischung aus Interesse und Distanz bei diesem Thema.

Auch das ist wichtig, deine Ahnen müssen nicht in allem zu 100 Prozent mit dir übereinstimmen. Respekt zeigt sich gerade darin, dass man Unterschiedlichkeiten stehen lassen kann.

Wenn wir die Ahnenverehrung auf diese ganz handfeste Weise beginnen und unsere Vorfahren nicht in mythische, schönere Zeiten verlegen, dann erfahren wir ihre Kraft auf ungekannte Weise. Deine Familie sorgt für dich. Du schwimmst nicht allein im Strom der Zeit, bist nicht mehr abgehackt von deinen Wurzeln, sondern hast den Rückhalt von Menschen, die sich ebenfalls durch die Wirren der Zeiten gekämpft haben, sodass du heute hier sein kannst. »Wenn wir groß werden, dann weil wir auf den Schultern unserer Ahnen stehen«, lautet ein westafrikanisches Sprichwort. Wenn du mit ihnen in Kontakt bist, erfährst du Führung und so manchen ungeahnten Glücksfall in deinem Leben.

Bevor ich zum praktischen Teil komme, möchte ich noch ein paar Worte zu ungeliebten Ahnen loswerden. Nur weil es deine Vorfahren sind, musst du nicht kritiklos mit ihnen umgehen. Sei menschlich, auch du hast Fehler, und vielleicht fällt es dir sogar leichter, sie zu akzeptieren, wenn du siehst, dass in deiner Ahnenlinie auch das ein oder andere allzu Menschliche vorkam. Streiche niemanden vorschnell aus der Liste, den du noch gar nicht so genau kennst.

Trotzdem muss man manchmal Grenzen ziehen: Ein prügelnder, bösartiger Großvater; ein Verwandter, der mit Begeisterung bei den Nazis oder später beispielsweise bei der Stasi mitgemacht hat; ein übergriffiger Onkel; eine sadistische Großmutter, die die ganze Familie tyrannisiert hat – solche Menschen kannst du natürlich aus deiner Praxis ausklammern, nicht alles muss verziehen werden, dabei kann man sich auch mächtig selbst verbiegen.

Es gibt zahlreiche Traditionen, die solchen Verwandten Wege eröffnen, ihre Schuld abzutragen. Wenn sie bereit dazu sind, wunderbar. Und es gibt moderne Wege, sich selbst heilsam mit diesen Ahnen, die eben auch Ahnen sind, auseinanderzusetzen. Ich würde aber empfehlen, dass man solche Wege zusammen mit anderen geht. Also zum Beispiel mit einem spirituellen Berater oder einer Freundin, die sich auch für Spirituelles interessiert. Es muss kein Profi sein, aber es ist gut, wenn jemand mit Abstand dabei ist, wenn die Emotionen hoch schlagen oder man einfach mal eine zweite Meinung braucht. Denn ohne Emotionen wird es gerade in diesem schwierigen Bereich der Ahnenarbeit nicht verlaufen.

Manchmal werden deine Vorfahren andere Ansichten haben als du und das auch mitteilen. Vielleicht wollen sie in einer bestimmten Kirche eine Kerze entzündet bekommen, du selbst hast aber mit der Kirche gebrochen und lehnst sie ab. Vielleicht möchte dein Großonkel Zigaretten haben, du hast dir aber mühevoll das Rauchen abgewöhnt und möchtest ihm diesen Wunsch nicht erfüllen. Das ist in Ordnung, du hast das Recht, dir solche Dinge in Ruhe zu überlegen und dann zu entscheiden, welchen Weg du als richtig empfindest.

Keine der beiden Seiten ist ein Laufbursche für die andere. Das bedeutet umgekehrt natürlich auch: Überschütte deine Ahnen nicht ständig mit deinen Wünschen. Es ist völlig in Ordnung, wenn du sie nach einem ernüchternden Steuerbescheid oder als Alleinerziehende um Hilfe bittest, aber belaste sie nicht mit der Suche nach einem bestimmten Paar Schuhe oder einem Hut – es sei denn, Großtante Irmgard war damals tatsächlich Putzmacherin und freut sich über solche Dinge.

Es kann helfen, sich die Ahnen als gestandene Menschen im gesetzten Alter zu imaginieren, wenn es keine Fotos oder Bilder (mehr) gibt. Dadurch findet man automatisch die richtige Balance und den richtigen Respekt.

Wenn es für dich stimmig ist, richte deinen Ahnen einen Altar ein, auf den du Familienfotos stellst, deinen erarbeiteten Stammbaum legst und den du mit dem einen oder anderen kleinen Erbstück dekorierst. Weiße Kerzen sind das Richtige für diesen Ort, Blumen oder eine Zimmerpflanze und auch ein Glas frisches Wasser tut ihnen gut. In vielen spirituellen Traditionen ist ein Glas Wasser sogar noch wichtiger als eine Kerze, denn Wasser ist das Element der Ahnen. Eine kleine Glocke oder Rassel kann als Erkennungszeichen genutzt werden, wenn du mit ihnen sprechen möchtest. Alles Weitere wird sich von selbst finden. Altäre sind Plätze, die sich zu großen Teilen selbst einrichten, gern von einem Zimmer zum nächsten wandern und einer stetigen Verwandlung unterworfen sind. Klassischerweise sollte sich auf einem Ahnenaltar jedoch kein Salz(kristall) befinden, weil Salz Geister verscheucht – auch die guten.

Als ich mit meinem Ahnenaltar begann, war ich der Meinung, dass Räucherungen und Kerzen genau das Richtige für meine Verwandtschaft wären. Eines Tages lief ich an meinem Ahnenaltar vorbei, mit einem guten, selbst gemachten Gulasch vom Vortag in der Hand. Mir war, als würden mich sehnsüchtige Blicke verfolgen, als würde ein Wispern und Raunen über dem Altar schweben. Ich wusste, dass es Kulturen gibt, in denen man traditionell immer ein bisschen Essen auf dem Teller zurücklässt, als Anteil für die Vorfahren, also machte ich ihnen eine Schale Gulasch zurecht. Man muss so etwas selbst gespürt haben, um es nachvollziehen zu können, von außen hört es sich vielleicht kurios an. Doch die Begeisterung war fühlbar im Raum.

Der Austausch spiritueller Kraft über die Nahrung ist in anderen Kulturen, zum Beispiel in Indien, sehr gebräuchlich. Über das Essen verbindet man sich mit Göttern, Ahnen und Geistwesen, man schließt so den Kreislauf. Natürlich wird man den Teller anschließend nicht leer geputzt vorfinden (es sei denn, die Katze war schneller ...), vielmehr essen die Geistigen die spirituelle Essenz der Nahrung, ihren Duft und die liebevolle Energie, die beim Kochen hineingegeben wurde. In Indien sind diese Speisen anschließend Prasad, geheiligte Nahrung, die denjenigen Glück bringt, die sie essen.

Nach diesem Erlebnis weitete ich das Thema aus und fand heraus, dass frischer, heißer Kaffee, Kuchen, Zigaretten (für mich als frühere Raucherin anfangs eine Herausforderung), deftige Speisen und Wildkräuter bei meiner Familie sehr beliebt sind. Auch der ein oder andere Korn und kleine Gaben, die an die Berufe der Vorfahren erinnern, kommen sehr gut an. Zum Beispiel Spielgeldscheine für den Bankdirektor, eine Mullbinde für die Pflegeschwestern, ein Reagenzglas für die Chemikerin oder eine neue Briefmarkenausgabe für den Postangestellten.

Mein einer Opa saß früher gern am Küchentisch, hat eine Zigarette geraucht, ein Bier getrunken und Radio gehört. Über so ein richtiges Radio, mit Knöpfen, die man drehen musste, um zwischen dem Rauschen die Sender herauszufischen. Dieses Bild, wie er da entspannt am Radio sitzt, hat sich als ein Bild des Friedens bei mir eingeprägt, weil er so völlig eins mit sich war, wenn er das gemacht hat.

Wenn du so ein inneres Bild von jemandem hast, kannst du daran anknüpfen und zum Beispiel neben ein kleines Radio ein Glas Bier stellen und eine offene Packung Zigaretten dazulegen. Es geht hier nicht darum, dass es »spirituell« aussehen muss, es kann und sollte durchaus handfest sein.

Man darf sich auch nicht vorstellen, dass ganz konkret etwas mit diesen Dingen passiert, es ist vielmehr geistige Nahrung für die Vorfahren. Diese Sachen zeigen ihnen, dass liebevoll an sie gedacht wird, dass ihre Energie geehrt wird, dass sie nicht vergessen sind. Wenn man dafür ganz konkrete Dinge benutzt, gibt das einen stärkeren energetischen Abdruck, als wenn man zum Beispiel nur in

Gedanken an ihren Beruf denkt. Probiere es einfach aus und spüre der Kraft nach, dann weißt du, was ich meine.

Ich mache es so, dass ich der Ahnen, die ich noch kenne, deren Geschichten überliefert sind, in meiner Wohnung gedenke. Die Ahnen aus Vorzeiten verehre ich jedoch am liebsten in der freien Natur. Sie sind über die Lande gezogen, kommen aus zahlreichen Stämmen und Völkern, weshalb ich den großen Kontext in der freien Natur zwischen Himmel und Erde bevorzuge. Probiere aus, was dir selbst am ehesten liegt, und fange ruhig erst mal klein an. Es kann später immer noch wachsen. Lieber klein beginnen und ein »echtes« Gefühl dabei haben, als zu groß starten und das Gefühl haben, man würde es nur spielen.

Am liebsten bringe ich Kuchen, Met, Wein, Schnaps, weiße Speisen, Blumen oder kleine selbst gebastelte Windspiele in einen Park am Wasser, die ich unter Bäume lege beziehungsweise an ihnen befestige. Ganz klassisch dafür ist der Holunder, aber es geht auch jeder andere Baum, da Bäume über ihre Wurzeln grundsätzlich mit der Welt der Ahnen verbunden sind.

Ahnenverehrung ist nichts Theoretisches, das kann ganz praktisch gemacht werden. Sie ist auch nicht nur auf körperlich verwandte Ahnen beschränkt. Es gibt unbedingt geistige Ziehmütter und -väter, die unser Leben manchmal noch mehr als die leiblichen Ahnen beeinflussen und inspirieren. Alle genannten Techniken lassen sich auch auf diese Ahnen übertragen.

Weitere Rituale für die Stadtmagierin

Was man an Kreuzungen alles machen kann

Kreuzungen sind seit jeher magische Orte. Die alte Hexengöttin Hekate wacht an ihnen, hier treffen sich die Linien, eine Entscheidung wird nötig: Welchen Weg will ich gehen? Kreuzungen können sowohl zur Bekräftigung eines Themas als auch zum Herbeiführen einer Entscheidung genutzt werden. Gute Opfergaben sind rote Trauben, Rotwein, Blumen, Kristalle, Steine, aber auch Grieß, Mehl, ein Windlicht, ein Räucherstäbchen, Münzen. Ich werde oft nach den »richtigen« Opfergaben oder Geschenken an die Energien gefragt. Es gibt mehrere Methoden, herauszufinden, was gerade stimmig ist. Du kannst dich belesen, welche Dinge mit einer Wesenheit oder Energie, die du einbeziehen möchtest, traditionell in Verbindung gebracht werden. Methode zwei ist intuitiv: Du lässt dich leiten und gehst mit offenen Augen durch den Tag, wobei du beobachtest, was dir für deinen Anlass förmlich zuwinkt. Vielleicht hast du auch sofort eine bestimmte Idee im Kopf, der erste Gedanke ist der Beste! Ein dritter Weg, sich dieser Frage zu nähern, ist der, genau das zu verschenken, was man selbst gern mag, seien es bestimmte Süßigkeiten, ein besonderes Parfum, die Lieblingsblumen oder zum Beispiel eine Ananas, wenn das dein Lieblingsobst ist.

Es gibt kein Richtig und kein Falsch, es gibt nur das, was sich andere ausgedacht haben, und das, was du dir ausdenkst. Man kann sich von anderen inspirieren lassen, aber man sollte nicht davon ausgehen, dass man selbst nichts auf der Pfanne hätte und magisch nicht wachsen darf. Wenn du magisch wachsen möchtest, musst du eigene Erfahrungen sammeln und Experimente wagen. Nur so kannst du dich hineinfühlen und ein eigenes Gespür entwickeln. So wirst du unabhängig von dem, was andere erzählen, und lernst deinen ureigenen Rahmen kennen.

Ich höre hin und wieder von Leuten, dass sie sich an Ritualen versucht haben und sich seitdem aus verschiedenen Gründen unwohl fühlen. Wenn ich dann frage, ob sie zu Beginn schon ein mulmiges Gefühl hatten, trifft das auf fast alle zu. Auf die Frage, warum man es dann trotzdem gemacht hat, kommt immer dieselbe Antwort: Ich habe es doch so gelesen und wollte alles richtig machen, genauso, wie es dastand.

Dann sind wir mal froh, dass dort nicht stand, man solle von einer Brücke springen (um diese alte Großmutter-Weisheit zu zitieren). Man sollte ein Ritual nicht durchführen, wenn man keinen Draht zu dieser Zeremonie entwickelt oder sie sich irgendwie nicht stimmig anfühlt, auch wenn man nicht genau sagen kann, woran es liegt. Wir haben unseren Instinkt nicht ohne Grund. Wenn sich etwas falsch anfühlt, dann ist es das meist auch für uns.

Der Instinkt liefert oft keine rationale Begründung mit, deshalb misstrauen ihm viele zu Anfang. »Nur« auf ein Gefühl zu hören ist in unserer Kultur verpönt und gilt als irrational. In vielen anderen Kulturen ist das Gegenteil der Fall, und als irrational gilt der, der wider sein Gefühl Dinge tut, bei denen er von Anfang an spürt, dass etwas faul ist. Wir können davon ausgehen, dass Mutter Natur gute Gründe hatte, uns mit einem rationalen *und* einem emotionalen Denken auszustatten.

An Kreuzungen kannst du also Opfergaben für die Gottheiten des Schicksals ablegen und sie bitten, dir bestimmte Türen zu öffnen oder natürlich auch Türen in deinem Leben zu schließen. Das kann wirklich jedes erdenkliche Thema betreffen. Neben den bereits genannten Opfergaben sind auch Schlüssel eine gute Wahl, denn sie können Türen öffnen oder schließen.

Kreuzungen sind heutzutage vor allem Opferplätze, zu denen man Gaben bringt und dabei um Veränderungen bittet. Früher wurden dort auch gern Rituale in der Tiefe der Nacht abgehalten. Es gibt viele Überlieferungen, teilweise sogar noch aus der Neuzeit, die das bestätigen. Wer die Möglichkeit hat, kann das gern so machen. Für die meisten wird es (gerade in der Stadt) aber schon ein Erfolg sein, wenn sie ihre Gaben ablegen und dann noch einmal fünf Minuten ihr Anliegen visualisieren können, ohne dabei von anderen gestört zu werden.

Manchmal braucht es aber auch eher eine Erkenntnis, dann sind Kreuzungen gute Plätze der Meditation. Manchmal ist es gar nicht so einfach, eine Kreuzung zu finden, an der man dabei nicht auffällt. Versuche es einmal in Parks, auch dort gibt es Wegkreuzungen, wo du dich vielleicht, ohne groß aufzufallen, in der Nähe auf eine Parkbank setzen kannst. Es zählen nicht nur Verkehrskreuzungen, jede Stelle, an der sich zwei oder mehr Wege kreuzen, ist geeignet.

Denke zudem stets an die goldene Regel: Geh, ohne dich umzudrehen. Diese Regel ist universell gültig, wenn man draußen arbeitet, denn »der Blick holt es zurück«, wie schon unsere Vorfahren wussten.

Das Fahrrad schützen

Dieser Zauber ist für Radfahrer in der Stadt sehr wichtig, neben einem soliden Fahrradschloss natürlich. Nimm ein Stückchen schwarzen Stoff und suche dir die folgenden Zutaten auf Grünflächen deiner Stadt oder beim Gemüsehändler: ein Blatt einer Distel, eine kleine, scharfe Chilischote, eine kleine Glasscherbe, dazu noch etwas Spucke, aber die hat man immer dabei.

Lege das Distelblatt und die Glasscherbe auf den Stoff und schreibe mit einer Nadel oder einem scharfen Messer das Wort: Meins! auf die Chilischote, bevor du sie ebenfalls dazulegst. Dann tupfe etwas Spucke auf jeden der drei Helfer und knote den Stoff mit rotem Faden zu einem Säckchen zusammen. Befestige es am Lenker oder auf dem Gepäckträger, von dort aus wird es über dein Fahrrad wachen.

Wasser gießen

Die Opferung von Flüssigkeiten ist so alt wie bewährt. In manchen Traditionen geht man morgens erst mal vor die Tür und gießt Wasser dreimal kreuzweise auf den Boden aus, um Segen für den kommenden Tag zu bitten.

Dabei muss es nicht immer Wasser sein, auch Milch (Vorsicht, das kann im Sommer geruchlich nach hinten losgehen!), Wein, Schnaps, Bier, Met, flüssige Pflanzenauszüge und im weitesten Sinne auch flüssiger Honig sind gern gesehen. Flüssigkeiten haben den Vorteil, dass sie unsere Schwingungen (Worte, Gedanken, Körperausstrahlung) leicht aufnehmen und weitergeben können.

Besprechen wir eine solche Flüssigkeit und gießen sie dann an eine bedeutsame Stelle, ist das ein kleines, wirkungsvolles Ritual.

Egal, ob du besänftigenden Tee vor eine Behörde, kräftigen Schnaps vor deine Bank, Honig unter einen Lindenbaum gießt oder zum Beispiel eine Parfumprobe für das Glück ausschüttest, wenn du dieses Ritual konzentriert ausführst, werden die Ergebnisse nicht lange auf sich warten lassen. Da man in der Stadtmagie nicht immer offensichtlich arbeiten kann, empfiehlt es sich, kleine Mengen zuzubereiten und mitzunehmen. Dann geht es sogar in belebten Einkaufsstraßen, und niemand wird bemerken, dass du dir in dem Moment nicht nur deine Schuhe neu gebunden hast.

Steine legen

Steine können als Stellvertreter an die unterschiedlichsten Stellen der Stadt abgelegt werden, nachdem man sie besprochen hat. Weihe sie zuvor mit den vier Elementen, indem du sie abräucherst, durch eine Flamme ziehst, danach in einer Flüssigkeit badest und anschließend mit Erde abreibst. Du kannst sie auch bemalen oder farbige (Edel-)Steine benutzen. Da sicher oft auch Kinder solche Steine finden und sie mitnehmen werden, vergiss nicht, dem Stein auch ganz allgemein eine Portion Glück einzuimpfen. Wenn du nicht möchtest, dass ihn jemand findet, vergrabe den Stein oder wirf ihn in ein Gewässer. Man kann auch Dinge in den Stein sprechen, die man loswerden möchte, und dann ist das die beste Variante. Die Erde oder das Wasser neutralisieren das Negative, von dem du dich trennen willst.

Solche kleinen Rituale werden oft unterschätzt. Viele lesen sie und denken: Was, mehr nicht? Da ist dem Autor wohl nichts Besseres eingefallen. Das bisschen soll etwas bewirken? Das erlebe ich auch in magischen Beratungen, wenn ich ein eher einfaches Ritual vorschlage. Manche fühlen sich dann nicht ernst genommen und fragen, ob ich nicht noch etwas »Richtiges« für sie hätte.

Das ist nicht überraschend, unsere ganze Kultur setzt auf den äußeren Effekt. Alles muss optisch etwas hermachen, ein »Erlebnis« sein, also praktisch eine Show. Deshalb erinnern wir uns manchmal kaum noch an die klare, geradlinige Kraft des Einfachen. Bildlich gesagt: Man kann stundenlang in den tollsten Wendungen diskutieren oder einmal klar sagen, was Sache ist. Nach wie vor geht Probieren über Studieren: Versuche es einfach mal, auf diese Weise mit Steinen zu arbeiten.

Räucherstäbchen in der Stadt

Mit Räucherstäbchen lässt es sich auch in der Stadt gut arbeiten – vor allem können sie als Dankesgesten aufgestellt werden. Bei Trockenheit sind sie nicht die richtige Wahl, dann ist es zu gefährlich. Aber wenn es das Wetter zulässt, kannst du sie überall entzünden und hinstellen, wo es dir passend erscheint.

Die Abendstunden oder der frühe Morgen sind oft die besten Zeiten dafür, wenn du ungesehen bist und noch einen Moment verweilen kannst. Räucherstäbchen sind ein schönes Opfer an die Stadtgeister, und man spürt in der Arbeit vor Ort, wie sie darauf reagieren. Beobachte einmal, wie sich der Wind verändert, plötzlich die Sonne rauskommt oder was gerade in der Umgebung geschieht. Fast immer gibt es ein Zeichen, einen kleinen, besonderen Moment, der einem zuraunt: Es ist angekommen.

Kräuterstäbchen

Ich habe sie so getauft, weil man Räucherstäbchen auch selbst aus Kräutern binden kann, vorausgesetzt sie haben einen Stängel und die richtige Struktur, um gut zu glimmen. Im Handel bekommt man sie mittlerweile als Smudge bundles zu kaufen, aber man kann sie auch ganz einfach und viel günstiger selbst machen.

Dafür bindest du frische Kräuterstängel als Bündel fest zusammen (zum Beispiel Rosmarin, Salbei, Beifuß, Minze, ein paar Wiesenblumen ...) und lässt sie trocknen. Wenn du keinen Garten hast und nicht so einfach an entsprechend große Kräuterstängel herankommst, halte dich an Beifuß, der wächst in jeder Stadt an verwilderten Stellen, ist ein traditionsreiches Räucherkraut für jedes Anliegen und auch noch kostenlos. Nimm aber nur seitlich ein paar Zweige pro Pflanze, knicke nicht den ganzen Haupttrieb ab, damit sie weiter wachsen kann.

Wickle den Faden nicht zu weitmaschig, damit beim Verglimmen nichts auseinanderbricht, denn die Fäden verglimmen mit. Du kannst auch Knoten machen oder das Ganze wie einen Rollbraten binden. Wie dick oder dünn, lang oder kurz du deine Stäbchen binden möchtest, bleibt dir überlassen und richtet sich vor allem nach den Ritualen, die du damit vorhast. Solche Kräuterstäbchen verwendet man am besten mit einer Unterlage (zum Beispiel eine Muscheln oder eine Untertasse) und bleibt natürlich die ganze Zeit dabei. Man kann sie auch mit Wasser löschen und später (wieder gut durchgetrocknet) erneut verwenden, wenn man nur mal kurz räuchern wollte.

Wer einen kleinen Kräutergarten hat, ist klar im Vorteil. Wenn dein Supermarkt keine frischen Kräuter führt oder nicht in der Qualität, die du dir vorstellst, schau dich auch in Lebensmittelgeschäften von Leuten aus anderen Kulturkreisen um, dort wirst du zumindest in Sachen frische Minze meist fündig. Oder erkundige dich in deinem Bekanntenkreis, ob jemand eine Kundenkarte für einen Großmarkt besitzt, dort bekommt man frische Kräuter auch in größeren Bündeln.

Flaschenpost

Die gute alte Flaschenpost ist ideal, um Wünsche auf den Weg zu bringen. Ich habe schon oft solche kleinen Fläschchen gefunden und die verschiedensten Zettel darin entdeckt, was mich auf diese Idee brachte: Kombiniere Steine, Wunschzettel, kleine Glücksbringer, Kräuter und weitere Zutaten zu einem hübschen kleinen Flaschenuniversum, das deinen Wunsch umschreibt, und dann bring es auf die Reise. Das ist auch eine wunderschöne Sache, wenn man zusammen mit Kindern Wünsche auf den Weg schicken möchte. Sie machen bei so etwas begeistert mit.

Magische Puder

Magische Puder können aus pulverisierten Pflanzen, zerstoßenen Harzen, aber auch aus vermahlenen Steinen, gemahlenem Horn oder mineralischen Bestandteilen wie Heilerde (Löss) oder Talkum bestehen. Um »Süßes« in dein Leben zu locken, kannst du sie auf einer Zuckerbasis herstellen, wenn du etwas Negatives abwehren möchtest, ist Salz eine gute Wahl. In Notfällen kann man sogar einen farbigen Lidschatten zerdrücken und mit ätherischen Ölen oder etwas Parfum angereichert als magischen Puder benutzen. Es gibt nichts, das deiner Kreativität Grenzen setzt, weil Magie, wie die Kunst, keine Grenzen kennt.

Magische Puder können vielfältig benutzt werden. Du kannst sie an bestimmten Stellen verstreuen, auf Kleidungsstücke tupfen, magische Gegenstände damit abreiben, Briefe damit bearbeiten (in kleinsten Mengen), sie auf Kerzen anstelle oder mit einem Öl zusammen auftragen, sie auf dem Körper tragen, sie in Mojos geben und vieles mehr.

Wichtig ist die Absicht dabei. Auch wenn die Arbeit mit Pudern grundsätzlich sehr einfach ist, braucht sie dafür umso mehr Bewusstheit. Praktisch bedeutet das, dass du erst einmal für einen ungestörten Moment sorgst (in dem zum Beispiel auch das Smartphone lautlos gestellt oder weggelegt ist – also wirklich Ruhe). Zu Beginn vergegenwärtigt man sich noch einmal das Ziel, dann nimmt man den Gegenstand, den man damit bearbeiten will, und betupft ihn mit dem Puder. Währenddessen bleibt das Ziel vor Augen beziehungsweise im Gefühl. Du kannst den Zauber versiegeln, indem du danach drei kleine Kreuze darüber in die Luft zeichnest.

Möchtest du auswärts mit einem magischen Puder arbeiten (beispielsweise wenn du ihn an einem bestimmten Platz verstreuen möchtest), kann das mit der nötigen Ruhe schwierig werden. In diesem Fall sprichst und visualisierst du deine Absicht bereits vorher hinein, also zu Hause und in Ruhe, und bringst ihn dann an den beabsichtigten Ort.

Die Beliebtheit von magischen Pudern kam in den USA vor einigen Jahren ans Licht, als es mehrere Anschlagsversuche mit Briefen, die Milzbrandsporen enthielten, gab. Daraufhin fing man an, an Behörden gerichtete Briefe zur Sicherheit routinemäßig zu durchleuchten. Und man fand in vielen Briefen die Spuren lauter unerklärlicher Pulver. Als das publik wurde, grinste die magische Community nur, während die Behörden rätselten, warum in aller Welt unzählige Briefe eingepudert verschickt wurden.

Wenn solche Puder dein Ding sind, schaffe dir eine kleine Sammlung von Döschen (möglichst nicht aus Metall) an, um sie aufzubewahren oder verwahre sie in kleinen Stoffbündeln oder Papiertütchen.

Ein paar »Freestyle«-Rezepte für den Start: Magie ist oft am wundervollsten, wenn man kreativ mischt und es einfach aus sich herausfließen lässt. Bei uns ist diese Herangehensweise oft ein bisschen verpönt, so nach dem Motto: Das ist doch Wischiwaschi, da macht man sich's doch zu leicht. Aber viele traditionelle Schamaninnen und Schamanen gehen so frei an die Sache heran, ihrer Meinung nach wird es auch dann nur ein wirklich lebendiger und damit wirksamer Zauber. Was nur »nach Rezept« gemacht wird, bleibt eher un-lebendig.

Fühle dich also frei, die folgenden Rezepte zu ergänzen, zu verfeinern, umzustellen oder auch genauso nachzumachen, wenn es stimmig ist. Ich habe sie bewusst ohne Mengenangaben geschrieben, so kommt automatisch eine persönliche Note ins Spiel, und du arbeitest bewusst und kreativ mit den Zutaten.

Alle angegebenen festen Zutaten sind natürlich in pulverisierter Form gemeint. Ein Küchenmixer kann dabei behilflich sein, aber auch der Mörser leistet gute Dienste. Ich empfehle besonders die schweren, stabilen Mörser aus (meist dunklem) Stein, wie man sie in asiatischen Lebensmittelläden bekommt.

- Ein Puder für die Liebe: pinkfarbener Lidschatten oder pinkfarbenes Rouge, ätherisches Geraniumöl, Rosenblätter, ein Hauch Zimt und so viel Vanille, wie du magst
- Ein Puder für Glück im Job: grüner und goldener Lidschatten, Eichenrinde, Vetiverwurzel, Minze
- Ein Puder für Lebensfreude: Johanniskraut, ätherisches Orangenöl, ätherisches Basilikumöl, Alantwurzel, Sonnenblumenblätter oder Ringelblumenblüten
- Ein Schutzpuder: weißer Talkumpuder (Babypuder ohne Duft geht auch), ätherisches Wacholderöl oder Wacholderbeeren, Salz
- Ein Puder zur Stärkung der weiblichen Energie: zerstoßene weiße Muscheln oder Muschelkalk, silberner Lidschatten, Frauenmantel, ein ätherisches Öl, das du persönlich feminin findest

- Ein Puder zur Stärkung der männlichen Energie: Eichenrinde, Sandelholz, goldener Lidschatten, ein ätherisches Öl, das du persönlich maskulin findest
- Ein Puder zur Stärkung der Intuition und zum Wahrsagen: Lorbeerblätter, Schafgarbe, Beifuß, ätherisches Lavendelöl

Blütenzauber

Nicht nur im Frühling blühen zahlreiche Pflanzen auf den Wiesen und in den Rabatten der Stadt. Einen Blütenzauber zu wirken ist besonders schön, wenn du ein Gewässer in der Nähe hast. Flechte aus den Blumen einen Kranz, wie man es aus Kindertagen kennt, und denke währenddessen an deinen Wunsch. Verknüpfe die beiden Enden des Kranzes mit langen Grashalmen oder etwas Efeu und wirf ihn in hohem Bogen ins Wasser, während du etwas Bestärkendes rufst wie »So soll es sein!«

Gibt es kein fließendes Gewässer in deiner Nähe, kannst du dir mit einer anderen Tradition unserer magisch gut beschlagenen Vorfahren helfen, indem du den Blütenkranz auf einen Baum oder in einen hohen Busch wirfst, sodass er sich darin verfängt. Ganz klar: Je weniger Anläufe man dabei braucht, desto Glück verheißender ist es!

Erdarbeit

Die konkrete magische Arbeit auf der Erde ist in allen naturverbundenen Traditionen ein festes Element der spirituellen Arbeit. Die Erde ist die Mutter, aus der alles Leben kommt und in die es eines Tages zurückgeht. Sie ist der Ort der Ahnen, sie nährt uns und gibt uns Halt. Die direkte Verbindung, die man in bestimmten Ritualen schafft, schafft also auch eine wichtige Rückverbindung zu den Kräften der Erde.

Manche rollen mit den Augen, wenn sie so etwas hören, und tun es als esoterisches Gerede ab. Nach dem Motto: Man kann aber auch in alles etwas hineingeheimnissen! Aber das ist nicht esoterisch, das ist ganz praktisch so: Auch der modernste Mensch isst Nahrung, die letztendlich aus der Erde stammt, atmet den Sauerstoff, den Bäume und Pflanzen produzieren, und trinkt das Wasser, das Leben erst möglich macht. Das ist die Realität: jeden Tag auf unserem Teller, in unserem Wasserglas, in unserem Atem.

Gerade in der Hektik der Stadt sind Rituale der Verbindung zur Erde eine wichtige und wirkungsvolle Hilfe, um dem Gefühl von Stress, Entfremdung und Nicht-eingebunden-Sein etwas entgegenzusetzen und die eigene Position im Kreislauf der Natur neu zu beleben.

Für ein solches Ritual streust du beispielsweise Mehl in Spiralen aus – groß oder ganz klein, wie es am besten passt und dir am liebsten ist. Natürlich kannst du dafür auch Maismehl, Haferflocken oder Ähnliches verwenden. Für viele bedeutet das anfangs eine Überwindung, zu tief sitzt der Satz: Mit Essen spielt man nicht. Das ist auch völlig richtig, und angesichts der heutigen Lebensmittelverschwendung kann es gar nicht genug betont werden. Aber hier geht es ja um kein Spiel, sondern um die Verbindung zu Mutter Erde, und das ist etwas ganz anderes.

Am besten fängst du in einem Park in einer ruhigen Ecke an. Beginne an der Ostseite eines schönen, starken Baumes und nimm eine Tüte Mehl. Wenn du das öfter machst, lohnt es, eine eigene Küchendose dafür anzuschaffen, so eine mit einem kleinen Deckel im Deckel, den man öffnen kann, damit das Mehl gleichmäßig gestreut werden kann. Streue es nun im Uhrzeigersinn wie eine Spirale um den Baumstamm, bis es aufgebraucht ist. Falls du einen Wunsch verwirklichen willst, murmele ihn dabei leise vor dich hin. Dient diese Arbeit zum Beispiel der Kommunikation mit den Geistern des Ortes, dann sende ihnen deine besten Wünsche dabei.

Vor allem wenn der Baum etwas abgelegener liegt, kannst du mithilfe der Mehlspirale auch eure gemeinsame Energie erhöhen, sodass er tatsächlich zu einer riesigen Antenne wird und dir wichtige Impulse für deine aktuellen Fragen liefern kann.

Mehlspiralen können auch wunderbar variiert werden, so zum Beispiel, indem du eine Spirale an jede der vier Himmelsrichtungen des Baumes streust. Immer daran denken: im Uhrzeigersinn für alles, was zunehmen soll, gegen den Uhrzeigersinn für Dinge, die du loswerden möchtest. Wenn du mit den vier Himmelsrichtungen arbeitest, kannst du dabei vier verschiedene Themen angehen:

- eine Spirale im Osten (für rationale, geistige Themen, z. B.: Ich kann nie gedanklich abschalten, ich habe keine Ideen für etwas, für das ich dringend welche bräuchte, ich brauche Inspiration, ich wünsche mir gute Kontakte um etwas anzugehen, ...)
- eine Spirale im Süden (alle Fragen des Wollens, z. B.: Ich will endlich mal auf etwas wütend sein können und nicht nur lächeln, ich will mich bei einer bestimmten Sache durchsetzen können, ich will mich lebendiger fühlen und endlich wieder warme Hände und Füße haben, ...)
- eine Spirale im Westen (alle emotionalen Themen, z. B.: Ich will diese Beziehung loslassen können, ich möchte mich innerlich lösen, um endlich über das, was damals passiert ist mit XY, trauern zu können und es dann abzuschließen, ich wünsche mir eine stärkere Intuition, ich möchte meinem Bauchgefühl näherkommen, ich möchte, dass Festgefahrenes ins Fließen kommt ...)
- eine Spirale im Norden (alle materiellen Bereiche, z. B.: Ich brauche Geld für dieses und jenes, ich wünsche mir eine schönere Wohnung, ich brauche Power zum Renovieren, ich möchte meinem Körper etwas Gutes tun, ich bitte um gutes Pflanzenwachstum im Garten, ich wünsche mir mehr Bodenhaftung, ich möchte ein Haustier schützen, ich will im Beruf vorankommen ...)

Mit ein bisschen Kreativität können hier die schönsten Rituale entstehen. Du kannst Blumen, Blütenblätter, Steine und vieles mehr einbeziehen und es richtig schön machen. Die Magie liegt im Tun.

Bitte tu dir dabei aber einen Gefallen: Zerrede keines

deiner Rituale hinterher. »Ach, das war doch nur so ein bisschen, aber so richtig habe ich ja nichts gespürt …« So oder so ähnlich hört sich das oft an. Steh zu deinen Ritualen. Und vor allem: Erwarte nichts Spezielles. Das Hauptproblem sind meist die vorgefassten Erwartungen, nicht wirklich eventuelle Fehler bei den Ritualen selbst. Öffne dich besser dem Moment und schau, was alles bereits da ist. So wirst du auch am ehesten bemerken, auf welche vielleicht zarte, vielleicht kraftvolle Weise dein Ritual zu wirken beginnt.

Das Stadtpflanzenlexikon für Hexen

Als ich an diesem Kapitel schrieb, wurde mir wieder einmal klar, wie reich an Pflanzen die Stadt ist. Es ist dabei interessant zu beobachten, welche Pflanzen vermehrt in deinem Viertel wohnen, denn sie können dir Hinweise auf die Energien, die dort vorherrschen, geben. Wo sich eine bestimmte Pflanze befindet, fühlt sie sich wohl und gedeiht. Genau dadurch zeigt sie eine Kraft an, die zu ihr passt. Mit der Zeit kann man anhand von Pflanzen Orte und ihre Kräfte »lesen« lernen.

Bei meinen Recherchen fand ich zum Beispiel einen Platz auf einem verwilderten Grundstück zwischen eleganten Villen, auf dem unzählige Königskerzen wuchsen. Sie blühten gerade, und es müssen weit über einhundert Pflanzen gewesen sein, auf einer Fläche so groß wie ein normales Haus. Das war sehr beeindruckend. Die Königskerze steht für Schutz und das Entladen überschüssiger Energien. Kein Wunder, das sie sich dort so wohlfühlte, wanden sich doch überall dicke Stromkabel auf diesem Grundstück.

Meine Auswahl

Viele Pflanzen sind uns gerade in der magischen Praxis gut bekannt, und sie wachsen auch in der Stadt, es gibt zum Beispiel kaum eine Rabatte, in der keine Rosen vorkommen. Diese Pflanzen habe ich bewusst außen vor gelassen und mich auf die wilden Schönheiten der Stadt konzentriert, die vielleicht nicht so bekannt sind. Die Liste ist recht lang geworden, und das sollte sie auch, damit wirklich jeder seine grünen Verbündeten für seine persönlichen Anliegen finden kann. Übrigens muss man Pflanzen nicht immer gleich rausreißen und verarbeiten. Auch im meditativen Kontakt kann man mit ihnen übereinkommen und sich austauschen.

Mit Pflanzen meditieren

Eine spezielle Pflanzenmeditation findest du bei den Bäumen beschrieben, sie lässt sich auf jede andere Pflanze entsprechend abwandeln. Interessant ist zum Beispiel, sich vor die Pflanze zu setzen und sanft mit Daumen und Zeigefinger beider Hände jeweils links und rechts einen Zweig oder ein Blatt in die Hand zu nehmen. Ihr bildet dadurch einen Energiekreis, und wenn ihr den richtigen Draht zueinander erwischt, kann das ein Erlebnis sein, das man nur mit dem Wort »herzöffnend« treffend umschreiben kann.

Falls sich nichts rührt, war es vielleicht die falsche Pflanze oder der falsche Zeitpunkt. Diese Pflanzenmeditation ist etwas für den Vormittag oder die Zeit nach dem

Mittag, man sollte sie nicht in der Mittagshitze machen, denn dann haben die Pflanzen genug mit ihrer Transpiration zu tun.

Wenn du dich mit einer giftigen Pflanze austauschen möchtest (viele traditionelle Hexenpflanzen sind giftig und sollten sehr respektvoll behandelt werden), verzichte auf das Anfassen und setze dich im Schneidersitz vor die Pflanze, wobei du deine Handflächen wie nach oben geöffnete Schalen auf die Knie ablegst. Falls der Kontakt zu intensiv wird: Verabschiede dich, erde dich und gehe deiner Wege. So etwas kann passieren, und bevor man es nicht erfahren hat, vermutet man gar nicht, wie viel Power so eine Pflanze in ihrer Aura hat. Das ist kein Drama, man muss nur erkennen, wann es einem zu viel wird oder der Austausch einseitig verläuft.

Suche dir Verbündete

Da es zu den vorgestellten Pflanzen zahlreiche Informationen über ihre Heilwirkungen gibt, werde ich sie hier vor allem in ihren seelischen und magischen Wirkungen beleuchten. Jede der erwähnten Pflanzen habe ich während des Schreibens besucht und um hilfreiche Impulse und Informationen gebeten. Das wurde mit der Zeit immer häufiger überraschend. So fand ich auf einmal eine hüfthohe Malve, mitten an einem Fußgängerüberweg, an dem die Straßenbahnen vorbeibrausen. Wer die Augen für die Pflanzen der Stadt öffnet, wird sich auf einmal von Schätzen umgeben sehen.

Wie ich schon eingangs erwähnte, halte ich nicht viel

davon, sich spirituell zu überfordern, indem man alles auf einmal erreichen will. In Bezug auf die Pflanzen bedeutet das: Es ist besser, mit fünf Pflanzen wirklich befreundet zu sein, als fünfzig exotische Pflanzen im Küchenschrank zu versammeln. Es gibt für jeden Menschen Pflanzen, die einfach zu ihm passen. Sie helfen dann eigentlich immer und gegen fast alles, indem sie uns allgemein aufbauen und stärken. Sie sind verwandt mit uns (ähnlich den Totems bei den Indianern), wir sind kompatibel, und es ist ihnen ein Leichtes, ihre Kraft in unser individuelles Energiesystem einzuspeisen, weil wir einfach dieselbe Wellenlänge haben. Es ist auch hier unwichtig, besonders prestigeträchtige Pflanzen zu haben.

Die Hexe von Welt hat ja mindestens Alraune, Tollkirsche und Fliegenpilz als Verbündete. Das ist aber auch bloß eine Variante von »Mein Haus, mein Auto, mein ...« Außerdem kommen die Pflanzen oft genug von selbst auf uns zu, es ist wichtiger, seiner Intuition zu trauen, als die Erleuchtete zu spielen und dabei meilenweit von der eigenen Energie entfernt zu sein. Meine absolute Nummer eins ist zum Beispiel die Minze, also eine Pflanze, die man in Notfällen sogar im Teebeutel beim Discounter um die Ecke erhält und in jeder Drogerie als »Japanisches Heilpflanzenöl« bekommt. Mag auch Beifuß das Kraut der Frauen und der Schamanen sein, mögen uns Salbei und Wacholder in Ahnenkontakt bringen oder das Johanniskraut wieder die Sonne in unser Herz strömen lassen, mögen exotische Tonkabohnen oder High-John-Wurzeln gerade der letzte Schrei in der magischen Szene sein, ich bleibe meiner Minze treu. Das heißt nicht, dass ich keine anderen Pflanzen verwende, und auch nicht, das ich kein Herz für Exotisches hätte, aber man muss wissen, wo die wirklichen Verbündeten sind, damit man seine Arbeit nicht nur auf gut Glück, sondern auch auf bestehenden Freundschaften aufbauen kann.

Bei der Suche nach den persönlichen Kraftpflanzen empfehle ich, eines als Erstes zu vergessen: das Suchen! Wer sich der Pflanzenwelt wirklich öffnet, wird nicht suchen, sondern finden – oder gefunden werden. Auch wenn sie scheinbar fest verwurzelt im Boden wachsen, kennen Pflanzen Hunderte verschiedene Wege, mit uns zu kommunizieren. Das kann über das Internet sein (du findest einen interessanten Artikel oder siehst ein Pflanzenbild, das dich nicht mehr loslässt), eine Pflanzenbegegnung in der freien Natur, durch ein Buch oder gern auch im Traum. Man könnte schon fast meinen, dass Pflanzen eine Vorliebe für unsere Träume haben, in denen ihre Seele uns besuchen kann. Ich habe einmal von einer zarten, blass violetten Pflanze geträumt, die sich mir als Wiesenschaumkraut vorstellte. Als ich aufwachte, dachte ich: So heißt doch keine Pflanze! Aber mein Nachschlagewerk bewies mir schnell das Gegenteil.

Die innerliche Verwendung von Stadtpflanzen

Manche Bücher raten kategorisch von der innerlichen Verwendung von Stadtpflanzen ab, zum Beispiel als Tee oder Gewürz. Ich sehe das differenzierter und unterscheide von Fall zu Fall. Denn ist auf dem Lande alles besser? Wenn man Pech hat, pflückt man die Kräuter in der

Nähe eines Feldes, das vollkommen von Düngemitteln verseucht ist oder gerade mit den Pollen genmanipulierter Pflanzen bestäubt wurde. Ich finde es zudem trügerisch, zu sagen: Hier in der Stadt ist alles ungenießbar, aber die freie Natur bekommt davon nichts ab. Wir wissen alle, dass dem nicht so ist und dass gerade in der Agrarwirtschaft die schlimmsten Gifte verwendet werden. Wir wissen auch, dass Abgase nicht an Stadtgrenzen haltmachen.

Es gibt sogar Menschen, die gehen den umgekehrten Weg und sagen: Ich verwende Stadtpflanzen bewusst, weil sie von der Pflanze aufbereitete Umweltgifte beinhalten, die mir sowieso jeden Tag über den Weg laufen. In den »homöopathischen Dosen« in der Pflanze stärken sie mich. Ich persönlich gehe den Mittelweg, sammle Pflanzen auch in der Stadt, verwende aber nur solche Pflanzen innerlich, die tief in Parks und Stadtwäldern gedeihen.

Kräuter und Pflanzen

Bärlauch

Bärlauch wächst gern in Wäldern und an geschützten Plätzen, und zwar im Frühjahr. Er reinigt das Blut und ist unübertroffen für die Frühjahrskur. Magisch kannst du unliebsame Einflüsse mit ihm loswerden und Negatives bannen. Er wird genauso wie Knoblauch verwendet, der ebenfalls seit Jahrhunderten für seine bannende, schützende Wirkung geschätzt wird.

Die »Vampire«, die man heutzutage damit fernhält, sind

allerdings eher Energievampire, also Menschen oder auch Situationen, die nur von einem nehmen, ohne etwas zurückzugeben, oder Personen, die insbesondere emotional auf Kosten anderer leben, sie förmlich aussaugen und dann ohne mit der Wimper zu zucken einfach weiterrauschen, wenn das Opfer nichts mehr hergibt.

Beifuß

Eine schamanische Pflanze ersten Ranges! Beifuß stärkt die weibliche Kraft und ist ein ausgezeichnetes Reinigungsräucherwerk. Er hat auch ganz praktisch den Vorteil, dass man keine Räucherkohle benötigt, da er von selbst verglimmt, wenn man ihn anzündet und die Flammen vorsichtig auspustet. Dadurch kann er auch als Basis mit anderen Räucherstoffen gemischt werden, die er gleich mit verglimmen lässt.

Beifuß kann jedem Zauber beigegeben werden, um ihn zu verstärken, und ist auch ideal für Kräutersäckchen. Zauber, die mit der Kraft des Mondes arbeiten, bei denen man also bewusst die Kraft der Mondphasen zum Anziehen oder Bannen nutzt, profitieren besonders von ihm.

Beinwell

Beinwell hat sich als Helfer für Knochenbrüche und Verletzungen an Sehnen und Bändern bewährt. Es ist eine anmutige Pflanze, deren violette Blüten auf ihren spirituellen Aspekt verweisen. Verwende sie für inneres Wachstum, um eins mit dir zu werden und dich vor wichtigen

Angelegenheiten zu zentrieren. Wenn du dich »zerfasert« fühlst und deine innere Mitte nicht findest, ist Beinwell ein wunderbarer Helfer. Er hat etwas Sanftes, fast schon Großmütterliches an sich, das dich behutsam wieder auf den richtigen Weg bringt.

Brennnessel

Die Brennnessel ist eine kämpferische Marspflanze und dient dem Schutz und der Abwehr negativer Einflüsse. Wenn du eine frische Pflanze für deinen Zauber finden kannst, umso besser. Ihre Samen können im Sommer gesammelt werden, sie machen die Liebe feurig.

Brennnesseln zeigten den Sinti und Roma die Wohnorte ganz bestimmter Naturgeister an, und Rutengänger bestätigen bis heute, das Brennnesseln außergewöhnlich oft auf strahlungsintensiven Plätzen wachsen. Es ist eine Pflanze mit Power, die dabei hilft, gesunde Grenzen zu ziehen und den eigenen Raum zu verteidigen, wenn es nötig ist.

Bittersüßer Nachtschatten

Der bittersüße Nachtschatten, auch unter dem Namen Bittersüß bekannt, wächst in der Stadt auffällig gern an (Bau-)Zäunen und ist damit ein klassisches Schwellengewächs, eine Hexenpflanze, die zwischen den Grenzen schwebt und rankt. Wie viele Nachtschattengewächse ist die Pflanze giftig und sollte mit Respekt behandelt werden.

Ihre roten Beeren sind traditionell mit Liebeszaubereien verbunden, die bei einer so starken Pflanze jedoch leicht ins Manipulierende kippen können. Die wunderschönen violetten Blüten sprechen jedoch von Spiritualität und einer inneren Kraft, die hinterhältiges Manipulieren überflüssig macht. Nutze die Blüten für Zaubersäckchen, um deine innere Kraft zu stärken, gerade wenn du einen emotionalen Tiefschlag hinter dir hast. Wenn du deinen Weg nicht kennst oder es einfach wieder eine Prise mehr Magie und glückliche Zufälle in deinem Leben braucht, sind sie eine gute Wahl.

Distel

Die Distel ist wehrhaft, sie ist auch eine sehr geometrische Pflanze und hilft bei jeder Form von Abwehr- und Schutzzauber. Durch ihre klare, geradlinige Energie kannst du sie auch verwenden, wenn du innere Stärke, Zielstrebigkeit und Disziplin benötigst.

Sie ist die Ritterin an deiner Seite, mit der du die ganz alltäglichen, aber auch die großen Schlachten des Lebens erfolgreich schlagen kannst. Sie hat allerdings auch eine spröde Seite und ist damit die ideale Helferin für alle, die dazu neigen, erst zu viel zu geben und sich dann ausgenutzt zu fühlen. Dieses Beziehungsmuster frustriert und kostet viel Kraft. Die Distel hilft, in einem gesunden Rahmen zu bleiben.

Efeu

Efeu hat eine rankende, umschlingende Energie, weshalb er früher gern für Treuezauber verwendet wurde. Er ist ideal, um Zauber zu binden und leicht in die spirituellen Sphären zu heben, wo sie sich verwirklichen können. Das Wort binden ist dabei durchaus wörtlich gemeint, man kann Efeuranken um Kerzen herumlegen oder benutzen, um symbolhafte Gegenstände zu verschnüren.

Efeu hat etwas Urtümliches an sich, das man kaum in Worte fassen kann. Ein bisschen unheimlich kann er wirken, und so wächst auch gern an Übergängen zwischen zwei Ebenen, wie Mauern, Baumstämmen oder Zäunen. Diese ambivalente Energie findet man bei fast allen klassischen Hexenpflanzen. Sie stellt sicher, dass wir genügend Respekt haben und einen Pflanzengeist erst einmal kennenzulernen versuchen, bevor wir ihn in unser eigenes energetisches System einbeziehen und damit arbeiten.

Wenn sich eine Pflanze (das bezieht sich auch auf alles andere, mit dem du magisch arbeiten möchtest) komisch oder ein bisschen unheimlich anfühlt, dann bleibe bei diesem Gefühl und gehe erst einmal in die Tiefe mit ihr, lerne sie in Ruhe kennen. Deine Intuition wird nicht besser werden, wenn du ihre Ratschläge in den Wind schlägst. Denn wer eine kraftvolle Pflanze nicht wirklich gemeistert hat, der läuft Gefahr, sich in unbekannte energetische Netze zu verstricken. Das muss nicht zwangsläufig schlimm werden, aber es ist in der Magie wie auch sonst im Leben: Besser, man weiß, was man tut.

Gänseblümchen

Das Gänseblümchen ist eine Blume der Jugend, der Frische und des Glücks. Alles, was diese Eigenschaften gebrauchen könnte, kannst du mit dem Gänseblümchen verzaubern. Es geht in der Magie schließlich nicht immer um Themen (Geld, Liebe, Gesundheit ...), sondern vor allem um Zustände (frisch, ausgelaugt, festgefahren, fließend, überraschend ...), die verändert werden sollen. Es wird dir magisch immer von Hilfe sein, dich auf die Eigenschaften einer Situation zu konzentrieren und diese zu verändern, um so die Grundsituation zu verändern.

Das Gänseblümchen sieht so niedlich aus, aber es ist sehr kraftvoll. Nach altem Brauch zieht man die Zuneigung und das Wohlwollen seiner Mitmenschen an, wenn man seine Wurzel bei sich trägt.

Gänsefingerkraut/Fingerkraut

Gänsefingerkraut wächst auf fast jeder Wiese, und ich möchte an dieser Stelle erwähnen, dass es sowohl Menstruationskrämpfen als auch Migräne, die bei manchen Frauen gemeinsam auftreten, kraftvoll entgegenwirken kann.

Durch die Form seiner Blätter ist es als »Helping Hand« in die amerikanischen Magietraditionen eingegangen und kann jedem Zauber zur Verstärkung beigegeben werden. Ein Blatt Fingerkraut in der Tasche hilft bei Vorstellungsgesprächen, wichtigen Meetings oder in Besprechungen, von denen viel abhängt, egal ob sie beruflich oder privat sind. Es ist ein zähes Pflänzchen, das uns beisteht, wenn wir selbst zäh sein müssen, um eine Situation gut zu überstehen.

Goldrute

Die Goldrute macht ihrem Namen alle Ehre und ist eine gute Verbündete in finanziellen Angelegenheiten. Dafür muss man sie nicht unbedingt ausreißen oder abbrechen, um sie zu nutzen. Setze dich zu ihr, besprich die Lage mit ihr oder vergrabe deinen Wunsch, auf einen Zettel notiert, an ihren Wurzeln.

Nimm ihr als Mitbringsel und Dank einen starken, abgekühlten Tee aus Brennnessel und Schachtelhalm mit, sie wird das zu schätzen wissen und deinem Wunsch entgegenkommen. Lege noch drei goldfarbige Münzen dazu und gehe nach dem kleinen Ritual heim, ohne dich umzudrehen.

Überhaupt wurden Pflanzen in traditionellen Zaubern oft bezahlt, meist mit drei Münzen, die an den Wurzeln abgelegt oder vergraben wurden. Diese Tradition findet man so ähnlich auf der ganzen Welt, wo sich das alte Wissen noch erhalten hat, und es funktioniert auch heute noch wunderbar.

Gundermann/Gundelrebe

Der Gundermann ist als zauberbrechende Pflanze seit Jahrhunderten beliebt und geschätzt. Auch wenn es machen Menschen leichter fällt, anzunehmen, sie wären verhext, als ihr Leben in die eigenen Hände zu nehmen – manchmal ist es wirklich der Fall. Hat sich also einmal eine Pechsträhne eingestellt, die nicht abreißen will, oder kommt dir eine Situation völlig verhext vor, dann gehe raus und binde ein Kränzchen aus Gundermann zusammen, das du zu Hause neben die Eingangstür hängst. Wenn der Winter mild ist, findest du Gundermann das ganze Jahr über, vor allem im geschützten Unterholz in Parks und Grünflächen.

Farn

Farne finden sich oft an alten Häusern, die ihre besten Tage schon hinter sich haben. Sie mögen es schattig und feucht und werden seit jeher mit dem Glück in Verbindung gebracht. Sie sind geheimnisvolle Gewächse, deren ganzes Wesen eine alte Magie zu atmen scheint. Bis heute werden sie mit Feenmagie und Liebeszaubern in Verbindung gebracht, aber auch mit Geldzauber und Magie, um das Glück zu rufen.

Frauenmantel

Frauenmantel findest du vor allem auf feuchten Wiesen, manchmal hat man das Glück, ihn an einem Fluss zu entdecken. Wenn du ihn gefunden hast, besorge dir in einer Apotheke eine Pipettenflasche, gehe in der Früh zu den Pflanzen und sammele ihren Tau mit der Pipette. Ein besseres magisches Wasser wirst du kaum finden können.

Den Alchemisten war es der »Sinau«, der Sonnentau: für sie ein magisches Wasser, das die Pflanze von der Erde einzog und durch ihren Körper hindurch reinigte, bis sie es oben an den Blatträndern wieder von sich gab. Frauenmantelwasser ist für alle Rituale rund um Weiblichkeit und Fruchtbarkeit kaum zu überbieten. Es hat eine Energie, die in frischem Grün und sonnigem Gelb erstrahlt, aber trotzdem ganz klar, ganz transparent ist. Man muss das einfach erlebt haben, ich kann viel in der Theorie darüber erzählen, nichts geht über die wirkliche Erfahrung eines solchen Moments.

Die praktische Anwendung ist wie immer vielfältig: Du kannst dich selbst damit betupfen und natürlich auch deine magischen Gegenstände. Du kannst es auf magische Wunschzettel geben und Kerzen damit einreiben. Es ist auch wunderbar, um spirituellen Schmuck (Heilsteine, Amulette) damit zu betupfen. Manchmal findet man Schmuckanhänger, die eine kleine Phiole enthalten, in die man Flüssigkeiten geben kann. Das ist eine besonders schöne Anwendungsmöglichkeit, dann hast du diese magische Essenz des Frauenmantels immer bei dir.

Hirtentäschel

Das Hirtentäschel war in Kindertagen unser klarer Liebling, wenn der ganze Dorfkindergarten über die Felder und Wiesen zog. Seine kleinen, herzförmigen Blätter faszinierten uns, und wer auf dem Land groß wurde, der weiß, dass die Pflanze ein uraltes Heilmittel gegen Blutungen und bei Wunden ist. Wer sich in der freien Natur das Knie aufgeschlagen hatte, wenn kein Pflaster und keine Jodtinktur in der Nähe waren, nahm Hirtentäschel in die linke Hand, damit es aufhörte zu bluten, oder legte es zerkaut auf die Wunde.

Magisch ist es bis heute mit Liebeszaubern verbunden, die herzförmigen Blättchen geben da ganz klar die Bedeutung vor. Es zielt besonders in Richtung Romantik, sanfte Gefühle und Harmonie.

Huflattich

Ähnlich alt ist das Wissen um den Huflattich, der magisch ebenfalls zu den Glückspflanzen zählt. Er bevorzugt allerdings steinige Plätze, wächst gern im Schutt oder in Mauerritzen. Ich bezeichne Huflattich gern als »Ass im Ärmel«, was seine magische Verwendung betrifft. Wo du ein bisschen tricksen musst, um zu deinem Glück zu kommen, wo du einer Übermacht entgegenstehst, die dich von dem, was dir zusteht, und dem, was du erreichen möchtest, trennt, da ist Huflattich ein guter Partner. Er hilft dir, die Hindernisse zu überwinden und dabei sogar noch Freunde zu gewinnen.

Johanniskraut

Johanniskraut ist die Sonne in Pflanzenform. Er erhellt als pflanzliches Heilmittel so manchen grauen November. Johanniskraut vertreibt alles Übel durch seine Lichtkräfte, du findest es besonders gut auf kargen Wiesen, auf steinigem Untergrund und auf Schuttplätzen. Es braucht nicht viel, um selbst zu erstrahlen. Es ist am wirksamsten, wenn du es in der Zeit etwa vom 20. bis 24. Juni pflückst, also um die Sommersonnenwende herum.

Damit es möglichst wenig von seiner Kraft einbüßt, lege ich es gern in einen Korn ein und nutze magisch später diesen Auszug der Pflanze. Johanniskraut kann aber auch getrocknet und verräuchert oder Ölen beigegeben werden. Es ist ein sanftes und umfassend wirksames Mittel gegen negative Wesenheiten, innere Bedrücktheit und Antriebsarmut. Es vertreibt die »bösen Geister« aus unseren Gedanken und Wohnungen. Auch bei unangenehmen Kollegen auf der Arbeit ist es einen Versuch wert, am besten kombiniert mit Bärlapp.

Kaffee

Die Kaffeepflanze und ihre gerösteten Bohnen musste ich einfach mit in dieses Buch nehmen. Denn auch wenn wir in unseren Breiten höchstens einen kleinen Zwergkaffeestrauch auf dem Fensterbrett finden, so ist es doch ganz klar der Pflanzenspirit, der am stärksten die Städte regiert. Kaffee, in Maßen, belebt und erfrischt den Geist, weckt neue Reserven und ist Aromatherapie pur. Ich habe mich schon immer gewundert, warum Kaffeeduft in keinem mir bekannten Buch über Düfte erwähnt wird. Ob er nun gesundheitsschädlich oder gesundheitsfördernd ist, darüber streiten sich die Gelehrten bereits seit Jahrhunderten. Sollen sie sich nur weiter streiten. Darüber kann der Deva (Pflanzengeist) des Kaffees nur lächeln.

Magisch ist Kaffee ein guter Beschleuniger. Im Gegensatz zu Chili oder Pfeffer, die sehr »heiß« sind und uns auch mal über das Ziel hinausschießen lassen können, bringt Kaffee statt brachialer Marskraft die elegante Merkurnote in einen Zauber ein und beschwingt die Kraft, öffnet Wege und findet die richtigen Menschen für uns und unser Anliegen.

Kamille

Die Kamille ist eine Mutter unter den Pflanzen. Sie behütet uns, tröstet bei Liebeskummer und anderen Sorgen, nimmt uns in ihre gelben Arme und verbindet unerschöpfliche Kraft mit absoluter Hingabe. Probiere einmal, Kamille zu verräuchern, es ist sehr angenehm und gibt dir neuen Boden unter den Füßen, wenn du emotional gerade eine Treppe hinuntergefallen bist.

Da Kamille eng mit Weiblichkeit und Fruchtbarkeit verbunden ist, kann sie zusammen mit ihren Schwestern Beifuß, Frauenmantel und Schafgarbe für weibliche Themen wie Kinderwunsch genutzt werden, aber auch nach Fehlgeburten, Schwangerschaftsabbrüchen oder in anderen schweren Stunden wieder ein Licht in der Seele entzünden.

Sie beruhigt und entspannt, wenn man nervös, überarbeitet oder emotional aufgelöst ist. Durch ihre goldgelbe Farbe wird sie in einigen Traditionen auch genutzt, um Geld und Wohlstand anzuziehen. Bei uns ist das traditionell nicht gebräuchlich, aber man lernt nie aus, und mittlerweile wird sie auch bei uns gern mal für den einen oder anderen Geldzauber verwendet.

Klee

Klee bringt Glück, und zwar nicht nur der mit vier Blättern! In alter Zeit wurde er als Zauberpflanze betrachtet, und ich empfehle ihn für alle Unternehmungen, die besonders viel Glück erfordern. Denke dabei nicht nur an die alten Wege der Magie, du kannst dafür auch ein Glücksblatt anfertigen, auf das du deinen Wunsch mit einem schönen Stift schreibst, ihn zusätzlich als Collage aus passenden Bildern daraufklebst oder um die Schrift herummalst und anschließend gepresste Kleeblätter darüberklebst. Magie kennt nicht nur einen Weg und jede Form, bewusst zu gestalten und seinen Wunsch mit einzuarbeiten, ist Magie.

Klette

Zur Klette finden sich zahlreiche Zaubereien. Sie gehört zu den schamanischen Bärenpflanzen und wurde in der Volksmagie benutzt, um Negatives aus dem Heim zu bannen. Dazu wurde eine abgeschnittene, komplette Pflanze in die Wohnung geholt und mit rotem Faden umwickelt, in den während dieser Zeremonie drei Knoten gebunden wurden. Danach brachte man die Klettenpflanze an einen abgelegenen Ort.

Doch in der ursprünglichen Volksmagie findet sich nicht nur die feinsinnige Art, mit der wir heute an die Magie herangehen, da wurde auch ganz handfest gezaubert, und Kletten wurden gern genutzt, um einer anderen Person im wahrsten Sinne des Wortes etwas anzuhängen, sei es ein Liebeszauber oder der Wunsch, sie möge einen in einer Angelegenheit unterstützen.

Die Klette hat noch eine weitere interessante Eigenschaft, die bis heute gern genutzt wird. Manchmal gerät man in eine schwierige Situation, in der jemand lügt, Halbwahrheiten verbreitet oder jedem Beteiligten eine andere Geschichte erzählt und dann genüsslich im Hintergrund beobachtet, wie die Dinge aus dem Ruder laufen. So etwas gab es früher natürlich auch schon, und unsere Vorfahren haben so jemandem eine Klette an die Kleidung gehängt, mit dem Wunsch, dass die Wahrheit ans Licht kommt.

Labkraut

Labkraut wirst du auf feuchten Wiesen, an Gewässern oder auch am Rande von Gebüschen und Parks finden können. Man kann es kaum verwechseln, denn es klebt sich gern an alles, was es berührt. Es ist eine zart grüne, sanfte Pflanze, eine der besten Helferinnen für Hautproblematiken wie Schuppenflechte übrigens.

Mit Labkraut kann man Wünsche binden und anziehen. Es »klebt« den Wunsch an uns fest, hilft, Ziele zu erreichen, und das mit Leichtigkeit und auf unbeschwerte Art. Denn alles andere passt absolut nicht zu diesem zarten Gewächs. Es ist ein Kraut des sanften Wünschens und des beharrlichen Erstrebens.

Magisch kann ich nur das frische Kraut empfehlen, die getrocknete Pflanze hat nicht annähernd so viel Energie. Labkraut ist eine Mondpflanze, es enthält also viel Wasser, an das seine Energie gebunden ist. In der getrockneten Pflanze ist das kostbare Pflanzenwasser verdunstet, was ihr die Kraft raubt. Man kann es in diesem Fall (und bei allen anderen wässrigen oder duftig zarten Gewächsen) mit der Konservierung in Alkohol versuchen, das Beste ist aber die frische Pflanze.

Löwenzahn

Löwenzahn ist als Glückspflanze tief im Volkswissen verankert. Er wurde wie alle gelb blühenden Pflanzen in Amuletten für das Augenlicht verarbeitet, da (es steckt bereits im Wort Augen-Licht) seine gelbe Farbe mit dem Sehsinn in Verbindung gebracht wurde. Bäder in Löwenzahnblüten oder kleine daraus gefertigte Glücksbringer machen beliebt und angesehen bei anderen. Wenn man in einem guten Licht dastehen will, bei Vorstellungsgesprächen, einer wichtige Verhandlung, beim Antrittsbesuch bei den Schwiegereltern, ist er eine gute Wahl.

Mädesüß (Spierstaude, Wiesenkönigin)

Das Mädesüß zählt zu den heiligsten keltischen Pflanzen. Ähnlich der Weidenrinde ist es ein gutes pflanzliches Schmerzmittel, welches das Blut flüssig hält und im Gegensatz zu den meisten synthetischen Schmerzmitteln den Magen sogar noch unterstützt und heilt, anstatt ihn anzugreifen.

Magisch gehört es zu den Pflanzen der Liebe, aber in einem umfassenden Sinne. Hier geht es nicht nur um die Beziehung zwischen zwei Menschen, die sich lieben, es unterstützt auch die Liebe zwischen Mutter und Kindern, zwischen Geschwistern, Freunden oder Arbeitskollegen. Es geht um eine Liebe, die auch Verzeihen, Nachsicht, Großherzigkeit und die Fähigkeit, sich in den anderen hineinzuversetzen und seine Beweggründe zu verstehen, umfasst. Mädesüß ist die Pflanze für die »wahre Liebe«, die von sich selbst absieht und auf den anderen zuzugehen vermag.

Malve

Die Malve erstrahlt in ihrer Blüte in einem geradezu magischen Violett. Als Kinder haben wir gern die »Käsepäckchen«, also ihre Früchte, gegessen, die wie ein winziger, grüner Käselaib aussehen. Sie ist ein Symbol spirituellen Reichtums und spiritueller Liebe. Seit alten Zeiten wird sie mit Vergebung und Versöhnung in Verbindung gebracht. Sie hat eine sanfte, wissende Energie, die uns gern behilflich ist, wenn wir auf unserem spirituellen oder emotionalen Weg unsicher geworden sind und einen Wink benötigen, der uns aus der Stagnation hinausführt.

Mohn

Manchmal sieht man an einem Straßen- oder Wegesrand in der Stadt einen prächtig roten Klatschmohn. Man sollte ihn stehen lassen, nach altem Brauch bringt es sogar Unglück, ihn mit ins Haus zu nehmen. Trotzdem ist der Mohn ein Symbol der Fruchtbarkeit, aber auch des Vergessens und des Schlafes. Er spielte in den antiken Mysterien eine zentrale Rolle.

In Zaubern kannst du natürlich auch gekaufte Mohnsamen verwenden, sie sind besonders hilfreich, wenn eine Situation eine Auszeit braucht, in der die Zeit stillzustehen scheint und man sich erst mal neu sortieren kann, bevor es weitergeht.

Moose

Moose sind Wohnstätten der Elfen und Naturgeister. Durch ihre Liebe zu nassen Standorten und die Nähe des wässrigen Elements zur Seele und den spirituellen Bereich kommt diese Verknüpfung zustande. Moose gehören ebenfalls zu den Gewächsen, die ich an Ort und Stelle belassen würde. Legt man drei goldfarbene Münzen darauf, darf man auf finanzielle Erfolge hoffen. Moose helfen aber auch, den Kontakt zu den Geistern der Pflanzen ganz allgemein zu vertiefen, wenn man bei ihnen meditiert und sich ganz auf sie einlässt.

Rainfarn

Der gelbe Rainfarn riecht etwas streng und ist als Pflanze gegen negative Energien in welcher Form auch immer eine gute Hilfe. Idealerweise wird er als getrocknetes Sträußchen aufgehängt. Früher nannte man, christlich geprägt, diese Energien »Hexen und Zauberer«. Heute sind es vielleicht eher Schwiegermütter und cholerische Vorgesetzte oder neidische Kolleginnen.

Dass die Pflanze in das christliche Pflanzenbrauchtum Eingang fand, beweist, dass sie über eine starke magische

Überlieferung verfügte, die sich nicht beiseitewischen oder verteufeln ließ, sondern mit einbezogen werden musste. Traditionell wurde Rainfarn, der auch den bezeichnenden Namen Kraftwurz trägt, an Maria Himmelfahrt geweiht.

Schafgarbe

Die Schafgarbe erscheint mir manchmal als jüngere Schwester des Beifuß. Sie wurde gegen Verletzungen eingesetzt und beruhigt. In Liebesdingen sorgt sie dafür, wieder einen klaren Kopf zu bekommen. Ihre weißen Blüten und ihr würziges Aroma rücken unsere Wahrnehmung wieder gerade, sodass wir wieder klar sehen.

Ein alter Volksname für diese Pflanze ist »Augenbraue der Venus« (was auf die Form ihrer Blätter anspielt) und auch wenn sie nicht wie Rosen oder Jasmin durch ihre Erscheinung gleich als Liebespflanze auffällt, ist sie doch ein starkes und durchdringendes Pflänzchen für diesen Bereich und kann für alles, was im weitesten Sinne mit dem Thema Liebe zu tun hat, eingesetzt werden.

Schöllkraut

Ähnlich ist auch das Schöllkraut mit dem klaren Sehen verbunden, das man vor allem an Baustellen und anderen brachen Flächen antrifft. Mit Schöllkraut schlichtete man in alter Zeit Streitigkeiten, man verwendete es, um den wahren inneren Willen zu erkennen und um Zufriedenheit und Glück zu locken.

Nach einer alten Überlieferung darf man es während des Pflückens und in der Verarbeitung nicht mit den blanken Händen berühren. Das sollte heute, wo es in jeder Drogerie Gummi- oder Baumwollhandschuhe gibt, jedoch kein Problem mehr sein.

Springkraut

Das Springkraut ist voller Energie und wird deshalb in der Bach-Blütentherapie besonders ungeduldigen Menschen empfohlen. Es ist eine Pflanze von hohem Wuchs, eine wunderschöne Erscheinung und ein guter magischer Blender. So bezeichne ich Pflanzen, mit denen man eine gewisse Zeit einen Zustand vortäuschen kann, der so gar nicht existiert.

Was sich auf den ersten Blick eher berechnend anhört, kann in vielen Fällen hilfreich eingesetzt werden. Nämlich immer dann, wenn es noch an Kraft und/oder Mut fehlt, eine Vision umzusetzen. Genau dann kann das Springkraut helfen, so zu tun, als ob man bereits auf dieser neuen Ebene angekommen wäre. Anfangs spielt man es noch, doch dann wird man selbstsicherer und lebt es einfach. Das Springkraut hilft also, Übergänge zu überbrücken und bringt einen leichter auf die neue Ebene, die man anstrebt. Allerdings nimmt es einem nicht die Arbeit für die eigenen Ziele ab, die muss man dann schon noch selbst tun.

Taubnessel

Die zarte, kleine Taubnessel haben wir als Kinder immer ausgezutscht, um an den süßen Nektar zu kommen. Dazu zupft man die Blüte ab und saugt sie von hinten aus. Was für eine sanfte, hübsche Pflanze! Taubnesseln sind eng mit dem Thema Weiblichkeit und Heilung verbunden. Ein warmes Bad, in das man etwa zwei Hände voll frischer, grob geschnittener Taubnesseln gibt, kann neue Impulse für die Eigenwahrnehmung geben und neue innere Räume eröffnen, die sich auch in äußeren Aktivitäten und Veränderungen positiv niederschlagen werden. Es ist eine zutiefst heilsame Pflanze, die auch nach schweren Schicksalsschlägen wieder aufbauen kann.

Veilchen

Das Veilchen ist eine Blume mit Witz: Einerseits sieht sie aus, als könnte sie kein Wässerchen trüben, und wirft mit den violetten Blüten ein spirituelles Licht auf ihre Erscheinung. Auf der anderen Seite verströmt sie einen nachweislich aphrodisierenden Duft, weshalb sie die ideale Pflanze für eine glückliche, spirituelle Liebe ist. Veilchen werden bei uns seit jeher mit Eigenschaften wie Demut und Bescheidenheit assoziiert, wodurch diese Blume Tugend und duftende Sinnlichkeit vereint.

Vogelmiere

Die Vogelmiere ist ein Sternenblümchen, das sich mit seinen hellgrünen, wasserreichen Blättchen und seinem Wuchs ganz eindeutig als Mondpflanze zu erkennen gibt. Ähnlich dem schon erwähnten Labkraut ist auch die Vogelmiere eine ausgezeichnete Heilpflanze für alle entzündlichen Erkrankungen der Haut, denn wir sprechen nicht ohne Grund von einer Ent-zünd-ung, also einem heißen, feurigen Prozess, den die Wasser des Mondes zu löschen vermögen.

Mondpflanzen haben aber auch eine Tendenz, Dinge zu verwässern, was im Positiven bedeutet, dass sie sie in Fluss bringen. Die sternartigen Blüten lassen zudem an den Stern aus dem Tarot denken: Symbol der Hoffnung und der berechtigten Träume.

Wann immer eine Situation festgefahren ist, kann die Vogelmiere helfen, neue Impulse hineinzugeben, damit die Sache wieder in Bewegung kommt. Es ist eine sanfte Pflanze, sie wird keine spirituellen Knalleffekte heraufbeschwören. Ihre Energie bringt stattdessen kühl (gut nach erhitzen Diskussionen oder einem Streit) und sanft die Dinge wieder ins Fließen, damit sie sich ganz natürlich in etwas Besseres umwandeln können.

Wegerich

Der unscheinbare Wegerich war magisch eine geschätzte, heilige Pflanze und wurde sogar als »Mutter der Pflanzen« bezeichnet. Er wurde besonders für seine Zähigkeit gelobt und konnte diese auf magischen Wegen auf den

Kräuterkundigen übertragen. Die Wurzel sollte getragen werden, um sich vor Kampfverletzungen zu schützen, die gesamte Pflanze wurde gegen jedes Übel verwendet, das man sich denken kann. Wer ihn nicht auf Wegen findet (wo er sich allerdings leicht finden lassen sollte), kann im Notfall auch auf den Spitzwegerich-Sirup aus der Drogerie zurückgreifen. Magisch bringt Wegerich innere Festigkeit, unterstützt Geldmagie (besonders in schwierigen Situationen) und hilft, die innere Ruhe wiederzufinden.

Wegwarte

Die Wegwarte mit ihren wunderschönen blauen Blüten wird von manchen Autoren als Blume der Romantik gehandelt. Es gibt im Volksglauben kaum ein Übel, vor dem sie einen nicht zu schützen vermag. Ihre Wichtigkeit wird auch durch überlieferte Ausgrabungsrituale betont. Hier soll man sie am Karfreitag mit einer goldenen Münze ausgraben, dort wiederum muss sie unbedingt in der Stunde zwischen zwölf und dreizehn Uhr pflücken (früher galt in vielen Regionen nicht nur die Zeit zwischen Mitternacht und ein Uhr nachts, sondern auch die Zeit zwischen zwölf und ein Uhr am Tage als Geisterstunde).

Aber nicht nur das Negative wird abgewehrt, wer eine selbst gegrabene und dann mit einem Ruck aus der Erde gezogene Wegwartenwurzel bei sich trägt, dem soll alles gelingen, was er anfängt, und natürlich soll er so manchen Schatz finden. Nicht immer sind diese Schätze übrigens materieller Natur.

Noch ein Wort zur Verwendung der Pflanzen. Je nachdem, wo du wohnst, wirst du noch manche andere Pflanze finden, während hier erwähnte Gewächse bei dir vielleicht nicht so häufig sind. Lass dich auf deinen Wegen in die Pflanzenmagie der Stadt nicht beirren. Mit der Zeit werden dir die Pflanzen ihre Energien selbst zeigen. Dann spielt es keine Rolle mehr, ob die gewählte Pflanze richtig oder falsch für das Thema ist, weil ihr eine Beziehung zueinander entwickelt habt, in die euch niemand reinreden kann. Dann werden dir die Pflanzen sagen, was gut funktioniert und wo nur wenig Kraft aufkommen würde.

Denke nicht, das ist nur etwas für Erwählte oder Eingeweihte. Die reiche Überlieferung, das Wissen und die Traditionen um die Pflanzen sind von Menschen entdeckt und erkundet worden, die oftmals weder lesen noch schreiben konnten. Mit Pflanzen zu kommunizieren und ihre Energien zu erspüren ist eine Sache des Herzens, nicht des Kopfes.

Bäume der Stadt

Bäume sind die grünen Lungen der Städte. Doch sie sind nicht nur das, Bäume verbinden Welten: Mit ihren Wurzeln reichen sie bis tief in die Unterwelt hinein, der Stamm weilt bei uns, und ihre Krone ragt in den Himmel und verbindet mit dem Kosmos.

In Meditationen und spirituellem Kontakt können wir uns den Bäumen nähern, ihre Energie ganz vorbehaltlos erfahren. Ich empfinde es aber auch als wichtig, nicht nur zu reden, zu lesen und zu meditieren, sondern vor allem rauszugehen, Bäume zu betrachten, zu befühlen, vielleicht auch zu malen (was man malt, das erspürt man noch einmal auf einer ganz anderen Ebene) oder zumindest einmal ihre Rinde mit einem Blatt Papier und einem Kohlestift durchzuzeichnen. Und man kann sehr schön mit Bäumen kommunizieren, indem man seinen eigenen »Stamm«, den Rücken, an den Stamm des Baumes lehnt.

Bringe ihnen kleine Geschenke mit, vielleicht ein paar schöne Steine, mit denen sich die Wurzeln unterhalten können. Aber auch ganz handfeste Mitbringsel wie etwas Hornmehl zur Nährstoffversorgung werden sie zu schätzen wissen.

Suche nach »deinen« Bäumen, mit denen du etwas verbindest. Nicht immer werden es deine Lieblingsbäume sein, jeder Baum hat eine eigene Persönlichkeit, auch ganz unabhängig von seiner Art. Daher ist die folgende Liste als erste Inspiration zu sehen. In der praktischen Arbeit wirst du viele ergänzende Erfahrungen sammeln.

Noch ein Hinweis: Wenn du mit einem Baum kommunizierst, solltest du kein Metall am Körper tragen, Schmuckmetalle wie Gold oder Silber sind davon ausgenommen. Die meisten Pflanzengeister haben nicht gerade ein entspanntes Verhältnis zu Metallen (man denke nur an Scheren, Sägen, Äxte oder Messer ...), was wir respektieren sollten. Diese alte Überzeugung findet man auch schon in den traditionellen Überlieferungen zur Pflanzenheilkunde unserer Vorfahren.

Ich persönlich rate sogar dazu, ganz auf metallische Dinge zu verzichten, in diesem Fall sollte man auch an

BH-Bügel und Reißverschlüsse denken. Probiere es einfach mal aus. Ich finde, man spürt eben doch einen Unterschied in der energetischen Kommunikation. Wenn du Pflanzen sammelst, verarbeitest und lagerst, versuche ebenfalls auf Metall zu verzichten, es entlädt die Kraft der meisten Pflanzen, nur die Gewächse des Mars, wie zum Beispiel Brennnesseln oder Disteln, vertragen Metalle. Ich habe mich oft darüber gewundert, dass in traditionellen Rezepten auf einem »irdenen Topf« oder Emaille bestanden wurde, dass man Kräuter niemals mit einem Metallmesser schneiden sollte und auch nicht in metallischen Dosen lagern. Heute weiß ich, warum. Auch hier wirst du probieren müssen, ob das für dich einen Unterschied macht oder nicht.

Ahorn

Der Ahorn ist ein großzügiger Baum, der immer wieder mit Jupiters Energien und Wohlstand in Verbindung gebracht wird. Wenn es um finanzielle Fragen geht, ist Ahorn zusammen mit Eiche und Kastanie ein guter Ansprechpartner, auch zum Realisieren von Träumen und Projekten. In Form von Ahornsirup kann man sogar Küchenmagie mit ihm betreiben, achte aber darauf, dass es echter Ahornsirup ist und nicht nur Sirup mit Ahorngeschmack.

Akazie

Es gibt kaum etwas Sinnlicheres als den Duft blühender Akazienbäume. Leider lässt er sich nur schwer einfangen, trotzdem ist der ganze Baum mit dem Thema Liebe verbunden. Akazienharz bekommt man als Gummiarabicum, es wird vielseitig verwendet, für Süßigkeiten, als Bindemittel für Farben und natürlich auch als Räucherwerk, wo es in Sachen Liebe und Harmonie zum Einsatz kommen kann.

Birke

Die Birke steht für die Kraft der Neuanfänge, sie ist ein Frühlingssymbol und hilft, erfolgreich auf den Wellen von Veränderungen zu surfen. Sie ist mit der Fruchtbarkeitsrune Berkana verknüpft und hilft bei allem, was erblühen soll. Alte Birken sind manchmal mit Zunderschwämmen bewachsen, sodass sich kleine Pilztreppen bilden, die früher als Schamanentreppen gedeutet wurden und auch heute noch den Aufstieg der Seele in andere Bereiche unterstützen können.

Buche

Die Buchstaben (Buchenstäbe) heißen nicht ohne Grund so, und die Buche ist wie kaum ein anderer Baum mit dem Wissen, dem Lernen und der Sprache verbunden. Sie führt uns zu unseren Ahnen und deren Erfahrungen, aber sie hilft auch, Wünsche zu verwirklichen, wenn wir zum Beispiel kleine Wunschzettel an ihren Wurzeln vergraben.

Wer seine verstorbenen Vorfahren ehren möchte oder nach altem Wissen forscht, sollte sich mit einer Buche verbünden.

Eberesche (Vogelbeere)

Die Eberesche steht für Schutz, schon durch die Farbe ihrer roten Beeren. Rot ist die erste Farbe in der Magie, und so ist es auch ein magischer Baum, der sogar Wünsche erfüllt, wenn man ihn von Herzen darum bittet.

Eibe

Eiben wirken oft ein bisschen unheimlich, und das sind sie auch, sie stehen nämlich mit einer Wurzel im Totenreich. Das färbt sie keineswegs negativ ein, aber es ist ein Baum, der viel Respekt benötigt, auf den man nicht gleich zurennen sollte. »Vor Eiben kann kein Zauber bleiben« ist nicht nur ein alter Reim, es stimmt! Wenn dir jemand nichts Gutes will oder gerade alles »wie verhext« ist, nimm ein schönes Geschenk mit und unterhalte dich einmal mit einer Eibe darüber. Achte in den folgenden Nächten auch auf deine Träume.

Eiche

Die Eiche wird von jeher mit Reinheit assoziiert, da sie mit hoher Temperatur weißglühend verbrennt und weiße Asche zurückbleibt. Du kannst das auch beim Räuchern mit Eichenrinde beobachten. Der Rauch stärkt zudem deine seelische Widerstandskraft und wird für alle materiellen Wünsche, die sich verwirklichen sollen, benutzt. Die Eiche ist ja nicht ohne Grund der schützende Pflanzengeist unserer Kupfermünzen (na ja, meistens möchte man noch ein bisschen mehr ...). Es gibt zahlreiche Sprichwörter um die Standhaftigkeit einer »deutschen Eiche«, und wer vor einer ebensolchen steht, der weiß auch, warum. Kaum ein Baum wächst so gerade und kompromisslos in den Himmel hinein. Eine gute Kraft, wenn man sich im Leben verfitzt hat, egal in welchem Lebensbereich, und wieder geradeaus gehen möchte.

Esche

Eschen sind Bäume des Lichts und der Verknüpfung innerer und äußerer Welten. Das macht sie nicht nur zu wunderbaren Wunschbäumen, sondern sie helfen uns auch, Zusammenhänge zu verstehen, an denen wir gerade (ver-)zweifeln. Verstehen ist ein Schlüsselwort, wenn es um die Arbeit mit der Esche geht. Sie hilft auch, Geheimnisse zu enthüllen, die uns unseren Weg versperren.

Essigbaum

Essigbäume sind wunderbar geeignet zum Klettern und darauf Sitzen. Auf Bäume zu klettern und auf ihnen zu sitzen, ist eine heilsame Erfahrung. Probiere es einfach (wieder) aus. Du bist zu alt für so etwas? Astrid Lindgren ist mit über achtzig Jahren auf Bäume geklettert und meinte dazu: Es steht nicht in Moses Gesetzen, dass alte

Frauen nicht auf Bäume klettern dürfen! Essigbäume haben ein freundliches, neugieriges Wesen und sind gerade Anfängern in der Kommunikation mit Bäumen sehr zu empfehlen. Ihre Früchte sind essbar und können zu erfrischenden Limonaden verarbeitet werden.

Ginkgo

In vielen Parks finden sich Ginkgobäume, die ein Symbol der Widerstandskraft und des stillen Siegens sind. Sie sind deine Begleiter, wenn du eine gewisse Zeit einfach durchhalten musst, bis deine Chance kommt. Auch wenn uns überall weisgemacht wird, dass man nur genügend zu strampeln bräuchte, um etwas zu erreichen, funktioniert das Leben immer noch nach denselben alten Gesetzen. Dazu gehören auch Zeiten der Ruhe, in denen nichts passiert, bevor sich das Rad weiterdreht.

Haselnuss

Die Haselnuss ist ein magischer Wunschbaum, ihre Zweige sind gute Zauberstäbe, und ihr ganzes Wesen strahlt eine bodenständige, inspirierte Magie aus. Mit ihr kannst du besprechen (nicht bejammern), was dir auf der Seele brennt. Ihr Baumgeist ist zaubermächtig, bewahrt dich vor Fehlern und lässt dich nie ins offene Messer laufen. Er versteht etwas davon, in die Zukunft zu schauen, und manchmal dürfen wir ihm dabei über die Schulter blicken. Es kann nie schaden, für das Glück eine Haselnuss mit Schale bei sich zu tragen.

Holunder

Laut Tradition soll man den Holunder nicht mit ins Haus nehmen, er steht am besten außerhalb Wache, und das tut er bis heute an vielen alten Gehöften als Hofbaum.

Holunder ist ein Baum der Übergänge zwischen dem Heute und dem Gestern, aber auch dem Heute und dem Morgen. Er verbindet Zeit und Raum, oben und unten und ist so heilig, dass man sein Holz nicht brechen und schon gar nicht verbrennen sollte. Ich nenne ihn manchmal ein spirituelles Starkstromkabel. Ruhe und Bedacht sind wichtig in der Arbeit mit ihm oder besser: ihr. Holunder ist die uralte Göttin, mit seinen weißen Blüten, den schwarzen Beeren und ihrem roten Saft trägt er ihre drei Farben.

Wenn du etwas (ver)wandeln willst, wenn du bedrückende Probleme hast und in allen Fragen, die Familie und Kinder betreffen, ist die Hollermutter eine strenge, aber gütige Begleiterin. Mitleid ist nicht ihr zentrales Thema, aber neue Impulse sind ihr Spezialgebiet.

Kastanie

Die Kastanie ist das weibliche Pendant zur männlichen Eiche. Sie steht für Mütterlichkeit und Wohlstand, und wer nach Tonka- oder Wunschbohnen Ausschau hält, der sollte es erst einmal mit einer Kastanie versuchen. Die typischen Früchte können mit kleinen Schnitzereien versehen als Talismane getragen werden, aber auch der Baum an sich verströmt eine heilende, mütterliche Energie, die uns weiterhilft, wenn wir seelisch wund sind und in unserer Verletzlichkeit zu ihr kommen.

Lärche

Die Lärche ist ein zarter, duftiger Nadelbaum und dazu der einzige, der im Winter seine Nadeln abwirft. Als Bachblüte hilft sie unsicheren Menschen, die schüchtern und unsicher sind, obwohl sie der Welt so viel zu geben hätten, wenn sie sich nur ein bisschen mehr zutrauen würden. Durch ihre lichtvolle Erscheinung macht die Lärche Mut, wieder an das Gute zu glauben und darauf zu vertrauen, dass sich alles positiv entwickeln wird. Dieses Vertrauen ist der Grundstein dafür, dass es auch so kommt.

Linde

Die Linde hat eine lange Tradition als Dorflinde, die zentral gelegen und von Bänken umgeben der wichtigste Kommunikationspunkt im Ort war. Mit ihren süßen Blüten und den herzförmigen Blättern ist die Linde natürlich ein Venusbaum und somit eine gute Freundin, wenn es um Fragen der Liebe geht. Vom gebrochenen Herzen bis zum Familienglück, kein Thema der Liebe ist ihr fremd.

Magnolie, Japanische Kirsche & Co.

Diese Zierpflanzen sind ebenfalls mit der schönen und manchmal eitlen Venusenergie erfüllt. Denn der einzige Grund, warum sie in unsere Gärten und Parks gefunden haben, ist ihre Schönheit. Umso besser! Denn manchmal fehlt uns die innere Spannkraft, dieses »Ich packe das und strahle dabei!« in einem wichtigen Moment. Dabei helfen die »Diven« unter den Bäumen und Büschen gern weiter und geben uns den nötigen zauberhaften Glamour (der vom Wort *glamor,* das so viel wie »Zauberspruch« bedeutet, abstammt). Um die Wirkung für das ganze Jahr zu konservieren, kann man zum Beispiel ihre frischen Blüten in klaren Schnaps einlegen und das dabei entstehende Blütenwasser bei Bedarf verwenden.

Pappel

Die Pappel war eine meiner ersten Baumbekanntschaften und das eher aus einem pragmatischen Grund: Sie wird seit jeher in der Geldmagie eingesetzt, und auch wenn ich nicht vorhatte, reich zu werden, so brauchte ich trotzdem eine Lebensgrundlage. Sie hat mich nie enttäuscht, und ich erhielt immer die richtigen Jobs zur richtigen Zeit, um mein Auskommen zu bestreiten. Überzogene Wünsche schüttelt sie mit ihren wedelnden Blättern von sich ab, aber wenn sie dir wirklich helfen kann, tut sie das gern.

Das Rauschen der Pappeln hat mich schon als Kind fasziniert, und ich hatte viele Gelegenheiten, es zu genießen, weil unser Schulhof von Pappeln umsäumt war und man zu DDR-Zeiten als Schüler ziemlich lange Fahnenappelle über sich ergehen lassen musste. Das Flüstern der raschelnden Blätter lässt einen schnell in andere Bewusstseinsebenen tauchen, ähnlich wie es eine sanfte Rassel tut. Luftige Wesenheiten lieben die Pappel und freuen sich über Räucherwerk oder leisen Gesang.

Platane

Platanen finden sich in fast jeder Stadt, und sie verströmen in ihrer ganzen Erscheinung innere Größe, Üppigkeit und Souveränität. Platanen sind Bäume zum Anlehnen, auch im übertragenen Sinne. Mit einer Platane kann man über alle Sorgen sprechen und wird sich immer verstanden fühlen. Da ihre Rinde regelmäßig abblättert und somit ein augenscheinliches Symbol für die Erneuerung des Äußeren ist, kann sie auch bei Erkrankungen der Haut eine gute Freundin werden.

Streiche dafür mit einem nicht-synthetischen Stückchen Stoff über die erkrankten Hautstellen und lege das Tuch dann an ihren Stamm. Bitte sie um Hilfe, und wenn ihr euch gut versteht, wird sie ihre Beziehungen für dich spielen lassen. Denke bei dieser Gelegenheit darüber nach, was Bäume mögen und gern haben und sei nicht knausrig damit.

Stechpalme

Die Stechpalme erinnert sehr an die traditionellen Eigenschaften des Sternzeichens Skorpion. Sie steht für eine unbestechliche Lebensenergie und hilft mit der Kraft eines Schwerthiebes, Verworrenes zu durchdringen. Sie hat einen klaren Blick in die Tiefen des Seins. Sie lässt sich davon aber nicht beirren, sondern steht einfach da mit ihren glänzenden, abwehrenden Blättern und den Beeren, die die Farbe des Lebens, Rot, haben. Sie steht somit auch für geschützte Schönheit, wobei das Wort Schönheit hier umfassend verstanden werden sollte.

Wir alle haben unsere inneren Schätze und Träume, von denen manche sehr verletzlich sind. Dinge, die einem so sehr am Herzen liegen, dass man sie nur ungern anderen zeigt, weil jedes böse Wort über sie verletzend wäre. Trotzdem wollen diese Schätze eines Tages gehoben werden, möchte man die Träume verwirklichen. Die Stechpalme ist eine zuverlässige Helferin für diesen heiklen Moment, in dem wir etwas Kostbares aus unserem Inneren nach außen tragen und verwirklichen wollen.

Tanne & Co.

Nadelbäume haben eine stolze und souveräne Energie an sich. Bei ihnen können wir auftanken, wenn wir aus dem Gleichgewicht gekommen sind. Weitsichtigkeit, Stärke und Objektivität sind die Geschenke, die sie sensiblen Menschen machen. Wenn dir gerade die Perspektive fehlt, besuche jeden Tag einen Nadelbaum und setze oder stelle dich mit dem Rücken an seinen Stamm. Nach spätestens zwei Wochen ist wieder erstes Land in Sicht!

Thuja – der Lebensbaum

Thuja findet man in der Stadt vor allem als Hecke und Friedhofsbepflanzung. Der Lebensbaum ist giftig und sollte von Schwangeren gänzlich gemieden werden, da er verfrühte Wehen auslösen kann. Thuja ist so etwas wie die sanfte Schwester der Eibe: ein Ort des Übergangs und der Transformation. Was willst du grundlegend verändern? Was gibt es loszulassen? Lege im Regen einen Zettel, auf dem du mit wasserlöslicher Tinte dein Anliegen geschrieben hast, auf die Wurzeln eines Thujabaumes und lasse es los.

Walnussbaum

Der Duft frischer Walnussblätter ist unvergleichlich balsamisch. Nussbäume erscheinen bereits im Märchen gern als Wunschbäume. Nimm eine Nuss und wirf sie auf den Boden – und schon kommt dein Wunsch daraus hervor! Aber nur wer reinen Herzens ist, bekommt ihn erfüllt. Hast du ein reines Herz in der betreffenden Angelegenheit?

Weide

Die Weide ist ein alter Hexenbaum. Sie ist mit dem Zyklischen im Leben verbunden und hilft bei magischen Vorhaben, die mit dem unvermeidlichen Auf und Ab des Lebens zu tun haben. Weiden sind im wahrsten Sinne des Wortes nahe am Wasser gebaut und somit eng mit diesem Element vertraut. Da Wasser für unsere Gefühle steht, hilft sie uns, mit ihnen umzugehen, sie anzunehmen, auf ihnen zu surfen, egal ob die Welle gerade anbrandet oder sich zurückzieht.

Wer Probleme damit hat, dass nicht alle Tage Sonnenschein ist, und das ergeht vielen so in dieser perfektionssüchtigen Zeit, findet in der Weide eine verständnisvolle Freundin, die hilft, sich selbst anzunehmen. Denn Fehler sind menschlich, wer keine hat, ist kein Mensch.

Weißdorn

Falls du den Blues hast – oder er dich –, gibt es kaum einen besseren Verbündeten als den Weißdorn. Er wird in der Phytotherapie für das Herz eingesetzt, genauso hilft er aber auch dem seelischen Herzen. Die fahrenden Völker sagten von ihm: Trinke eine Tasse Weißdorntee und deine Lippen werden wieder lächeln. Das ist nicht übertrieben.

Magisch ist Weißdorn eine exzellente Schutzpflanze, die uns alles Negative vom Hals hält. Streue etwas Weißdorn in die Nähe der Schwelle und trage ein wenig davon in ein Taschentuch geknotet in deiner Tasche bei dir, wenn du das Gefühl hast, das du Schutz brauchst. Wenn es emotionale Stürme zu überstehen gibt, denke daran, dass der Weißdorn zu den Rosengewächsen gehört: Er wird dein Herz beschützen.

Bücher von Claire

Magische Impulse für ein erfülltes Leben

978-3-453-70161-8

978-3-453-70171-7

978-3-453-70250-9

978-3-7787-7468-7

978-3-7787-7488-5

978-3-453-70278-3

Leseprobe unter: **www.heyne.de** / **www.ansata.de**

HEYNE

Ansata